MW01235745

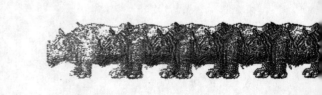

Tiempo de México

Tiempo de Mexico

Los cómplices

Rafael Loret de Mola

Los cómplices

OCEANO

EDITOR: Rogelio Carvajal Dávila

LOS CÓMPLICES

© 2001, Rafael Loret de Mola

D. R. © EDITORIAL OCEANO DE MÉXICO, S.A. de C.V.
Eugenio Sue 59, Colonia Chapultepec Polanco
Miguel Hidalgo, Código Postal 11560, México, D.F.
☎ 5279 9000   📠 5279 9006
✉ info@oceano.com.mx

PRIMERA EDICIÓN

ISBN 970-651-548-8

IMPRESO EN MÉXICO / PRINTED IN MEXICO

A Claudia, tenacidad, ternura y carácter,
sin cuyo aliento no hubiese dado el paso adelante.

ÍNDICE

Expiación

No sé cómo he podido llegar hasta aquí. Prefiero obviar el asunto para seguir disfrutando de mi libertad de expresión aun con los severos riesgos que ello conlleva.

¿Por qué no me han matado? Reflexiono motivado por el impulso que las mafias, las cofradías y los socios intocables han procurado y porque, en más de una ocasión, ellas me han hecho llegar sus mensajes perversos. Mis lectores también se lo preguntan, sacudidos por las denuncias periodísticas que tienen sentido y objeto: conocer a quienes manipulan nuestras vidas para poder aspirar siquiera a desterrarlos.

¿Y por qué escribo todo esto? Alguna vez expliqué que la libertad no acoge a todos los espíritus. Es fruto, sí, de quienes reclaman un horizonte más digno. El autor escribe y denuncia; los lectores se informan, participan y orientan. Y en este ejercicio surgen derroteros comunes con desenlaces apasionantes.

¿Se habría dado la alternancia en México si no se conocieran los escándalos, las atrocidades y las complicidades del viejo régimen? Cuando una sociedad se informa, las voluntades de los predadores, al fin, dejan de hacer daño.

Las mafias están aquí, perviven ligadas entrañablemente al devenir político. Volvamos sobre esas mafias para explicar el contexto presente y proyectar el porvenir. Hagámoslo sin miedo, vigorosamente.

15

De esto se trata. Compartan, amables lectores, la experiencia excepcional de escudriñar por alcobas y pasillos, sin tabúes ni prejuicios, en busca de la verdad. No se arrepentirán porque no he dejado nada en el tintero.

El botín

–No creo que me desgasten las críticas de prensa. Además, tengo tres grandes aliados.

Botas, hebilla y bigote ranchero. Tres líneas fundamentales para el perfil del presidente de México; sin ellas quién sabe si sería tan evidente el cambio. Todavía bajo la euforia por su victoria electoral, Vicente Fox Quesada ordenó apresurado adaptar la residencia del Paseo de la Reforma, marcada con el número 607, en la colonia Lomas de Chapultepec, que le había servido como casa de campaña en el Distrito Federal: mandó colocar de inmediato un asta bandera. Ahí despachó hasta su traslado a Los Pinos; por las noches, rúa arriba, prefirió la comodidad del hotel Fiesta Americana.

Inquieto, hiperdinámico, alto guanajuatense forjado en el campo y despierto a la política por Manuel J. Clouthier, aspirante presidencial del Partido Acción Nacional en 1988, parece relajado al mediodía del lunes 18 de septiembre de 2000. Apenas catorce días antes había sido reconocido mandatario electo, con la calificación de rigor de la entrante LVIII Legislatura, tras la caída del "muro" priísta. Aún era soltero... aunque mantenía cerca a su "novia" Martha Sahagún Jiménez.

–¿Tres aliados, don Vicente?

–Sí. En los medios de información. Me basta con ello.

Seguro de sí, sin embargo escucha:

–Es de preocupar —le digo— el desgaste innecesario que está sufriendo su imagen.

19

–No hay tal. Todos los días medimos nuestros índices de popularidad y vamos muy bien. Quienes nos atacan no han acertado.

No hay margen para la réplica. Vicente Fox justifica que el apoyo de la ciudadanía es tan contundente que no requiere mantener discusiones con quienes no coinciden con él. Así me lo hace sentir cuando expresa cierto malestar con algunos informadores:

–Están sirviendo —sentencia— al viejo régimen.

Le observo cansado, deseoso de apoltronarse sobre el cuero de su sillón de oficina. En mangas de camisa, otra característica infaltable, y con la diestra sujetando el descansabrazos, asimila la conversación:

–Mi tesis, señor presidente, es que usted no ha conquistado el verdadero poder; y es dable esperar la reacción de las mafias.

Fox mide, observa con fijeza y apenas asiente con la cabeza. No agrega una palabra más cuando le entrego la separata de *La tempestad que viene*, mi libro. Un apretón de manos y la cortesía de acompañar al visitante hasta la puerta.

El verdadero poder. ¿Quién lo detenta? Hay quienes asumen que los mandatarios mexicanos son empleados del gobierno de Estados Unidos. Y, sin embargo, tampoco los presidentes estadunidenses pueden sentirse seguros. El demócrata James Carter, quien fuera gobernador de Georgia antes de asumir la mayor responsabilidad ejecutiva de su país en enero de 1977, solía poner distancia:

–Debo discutir con la Casa Blanca —explicó con motivo de su visita a México en febrero de 1979 cuando fue víctima de "la venganza de Moctezuma", una feroz hecatombe gastrointestinal— antes de tomar cualquier acuerdo bilateral.

De hecho, es ésta la "nomenklatura" del mundo capitalista capaz de imponerse a quienes presumen ser, mediante el autoelogio de los fuertes, los "líderes del mundo libre".

–Es curioso —divulgué por los micrófonos de *Monitor* de Radio Red— que las tres elecciones más controvertidas, y acaso infectadas, en el devenir político de la Unión Americana hayan concluido afectando a quienes despachaban en la oficina oval o en otra muy cercana.

–¿Cuáles? —preguntó Enrique Muñoz, conductor del noticiario.

–En 1960, John Fitzgerald Kennedy, demócrata, con ayuda de la mafia italiana e irlandesa, se impuso por escaso margen al entonces vicepresidente Richard Nixon; en 1976, otro demócrata, James Carter, ganó los escrutinios con una carretada de denuncias en su contra y desplazó al entonces presidente Gerald Ford; y en 2000, George Bush, Jr., con el auxilio de su hermano Jeb, gobernador de Florida, y sobre todo con el consenso de las mafias, la china fundamentalmente, logró abatir políticamente al entonces vicepresidente Albert Gore.

Si es dable hablar de fraudes comiciales, en Estados Unidos éstos ocurren al revés, es decir, en contra de quienes mantienen el poder y los controles. Y quienes llegan, por lo general, son llamados a modificar las estrategias perjudiciales para la carrera armamentista... a riesgo de morir si no actúan en el sentido que se les demanda. Recuérdese la conjura contra Kennedy y su desenlace: el crimen de Dallas en 1963 presuntamente con el patrocinio de las mafias que intentó desplazar aquel mandatario.

George W. Bush, por supuesto, tiene profundos nexos con México. Son sus amigos los gobernadores Miguel Alemán Velasco, de Veracruz, y Tomás Yarrington, de Tamaulipas. Y fue en Texas —la plataforma política del segundo Bush que alcanza la presidencia de Estados Unidos mediando sólo la gestión de William Clinton— en donde se dio refugio, en la cárcel se alega, al célebre Juan García Ábrego, capo del cártel del Golfo, quien fuera tan protegido durante la administración de Carlos Salinas de Gortari (1988-1994).

En la frontera de Tamaulipas y en el "otro lado" se dan las conexiones. En Reynosa, capté la historia oculta:

–¿Te acuerdas de Juan Nepomuceno Guerra, muerto al correr el 2001? —pregunta Heriberto Deándar, director de *El Mañana*. En su casa crecieron García Ábrego y Manuel Cavazos Lerma, el exgobernador de Tamaulipas a quien nadie toca ni investiga. Cavazos es padrino de Yarrington, y fue él quien le dio vida política.

–Sé que Guerra ejerce el cacicazgo de la región desde hace, cuando menos, medio siglo.

–Y más que eso. ¿Sabes por qué nadie osa molestarlo? Él fue quien, tras el asesinato de Kennedy, brindó refugio a tres italianos conectados con el magnicidio, los mismos que el FBI detuvo en aquella loma al final de la calle por donde transitaba el vehículo presidencial en Dallas y de donde salieron dos de los tres disparos. Todo eso está muy documentado.

–¿Nunca les siguieron la pista?

–Por supuesto que no. Juan no fue traficante de drogas, sí de armas.

–¿Y García Ábrego?

–Usó las conexiones del viejo y creó su propia estructura.

También es curioso constatar que todas las primeras familias a lo largo de las últimas tres décadas del segundo milenio han estado ligadas, de un modo u otro, a los poderosos cárteles con jurisdicción sobre territorio mexicano.

–La mía no —replicó José López Portillo en ocasión de un encuentro, en su residencia de la Colina del Perro, en Cuajimalpa, en marzo de 2001. Siquiera eso que se me abone.

–Durante su gestión —referí— a quien se señaló fue al profesor Carlos Hank González, entonces jefe del Departamento del Distrito Federal.

López Portillo, ya sin fuerzas, abandonado en un sofá por su ayudantía, apenas esbozó una mueca y apretó el bastón del que no se separaba.

–Vivo —me dijo con profundo pesar— en medio de una espiral de odio del que yo soy el único responsable. Los hijos de mi primer matrimonio jamás me perdonaron que me volviera a casar. Me toleraron todo, menos que legitimara a otra familia.

Hank, mecenas y protector, el "padrino" de aquella primera

familia, se mantuvo hasta el final de su propia existencia en el centro de la huracanada espiral. Carmen Beatriz y Paulina López Portillo, autora de *El horror* en donde intenta analizar el perfil psicológico de su padre supuestamente atrapado por una demoniaca segunda mujer, Sasha Montenegro, me confiaron:

—Hank nos regaló las casas —las de cada uno de los descendientes del exmandatario—, no los terrenos. Ahora ni siquiera él nos sirve como intermediario. Mi padre parece embrujado.

El profesor ciertamente daba la razón a los hijos del matrimonio de López Portillo con Carmen Romano. Y así me lo dijo cuando ya su grisáceo color era sello del mal terminal:

—Reclaman heredades —el expresidente y Sasha— que son herencia de su nuera Antonia. Me consta que así es pero no me atrevo a decírselo a don Pepe porque respeto mucho su imagen histórica. Sería una barbaridad.

El límite impuesto por el profesor revela la condicionante: tampoco el expresidente podría elevar la voz frente a tan cálido y generoso amigo. Valores entendidos bajo el cobijo de la impunidad. Así, por ejemplo, el grupo hankista encabezó a los saqueadores que en 1982, al final del sexenio lópezportillista, precipitaron la emergencia económica:

—Algún día —sentenció ante mí el propio López Portillo— hablaré.

Pero no lo hace aún dominado por las emociones, los favores y ahora quizá los recuerdos imborrables y hasta la devoción hacia la figura del amigo extinto. Hank supo siempre cubrirse las espaldas bajo el maquillaje de la fina bonhomía.

—¿No crees —le pregunto a Paulina, la más dolida de la descendencia del exmandatario, en febrero de 2001— que el deslinde entre ustedes y Sasha está siendo aprovechado para distraer a la opinión pública mientras los últimos inquilinos priístas de Los Pinos, los Zedillo, son protegidos? De esto derivaría la fruición con la que algunos medios informativos han tratado el asunto, otra vez.

–No había pensado en eso —responde.

–Pudiera ser —tercia Carmen Beatriz, la mayor. Ya nada me extrañaría.

¿Quién detenta el verdadero poder? El largo deslinde, recreado por los medios al inicio de la administración foxista como sucedáneo periodístico al habitual linchamiento sexenal contra quien acaba de dejar la primera magistratura —en este caso la cuestionable distinción debió ser para el doctor Ernesto Zedillo y los suyos—, pareció ser indicativo de que el cambio comenzaría evitándole sobresaltos a quien reconoció la victoria de la alternancia y el fin de la hegemonía de un régimen monolítico.

Y no faltaron los amigos de Francisco Labastida Ochoa, primer priísta derrotado en una lid por la presidencia —entre éstos algunos habilidosos gacetilleros que ya se habían acomodado como enclaves del "presunto"—, quienes difundieron a los cuatro vientos una tesis insólita:

–La maquinaria presidencial operó a favor de Fox. Y Labastida perdió muchos puntos importantes, no sólo recursos, a la hora de los escrutinios.

–¿Un fraude al revés?

–Podría decirse así.

La versión parece disparatada, incluso tuerta, ante la evidencia sobre la popularidad de Fox, uno de los mandatarios con mayores simpatías de cuantos han asumido la titularidad del ejecutivo federal. Sólo Lázaro Cárdenas podría disputarle terreno.

El propio Fox, de acuerdo con los periódicos sondeos que ordena, me explicó:

–Cuento con la aprobación inicial de 72 por ciento de los mexicanos, incluso de muchos que no votaron por mí pero se mostraron felices por el paso dado hacia la democracia.

Manuel Camacho Solís, opositor tardío —fue lenta su reacción luego de ser desplazado por Carlos Salinas, su antiguo compañero de aulas y sueños, en la carrera sucesoria en 1993, renunciando a la jefatura del Departamento del Distrito Federal para luego reaparecer como canciller y semanas después aceptar el nombramiento de comisionado para la paz en Chiapas— y excandidato presidencial en 2000 por el Partido del Centro Democrático fundado por él tras renunciar al PRI, confirma una versión que ya habíamos escuchado:

–Durante la jornada electoral del 2 de julio hubo un personaje que no se movió de la casona presidencial de Los Pinos para monitorear, al lado del presidente Zedillo, los resultados: el doctor Joseph-Marie Córdoba Montoya. Y con Labastida permanecieron Esteban Moctezuma —el mayor incondicional de Zedillo— y Emilio Gamboa Patrón —la figura clave que surge en tiempos de Miguel de la Madrid para proteger y proyectar a Carlos Salinas.

Córdoba, eminencia gris del salinato trágico, fue el protector relevante de Ernesto Zedillo, y cuando faltó Luis Donaldo Colosio, asesinado en Lomas Taurinas, optó por dejar el escenario nacional tras la postulación del candidato priísta sustituto, para luego desembarcar como representante de México ante el Banco Interamericano de Desarrollo (BID).

De Córdoba se ha dicho casi todo y, sin embargo, a medida que pasa el tiempo las revelaciones son mayores. Por ejemplo, un alto funcionario de la DEA, la entrometida Agencia Antinarcóticos de Estados Unidos, cuyo nombre no revelo a petición expresa, sostiene la versión de que, cuando menos en dos ocasiones y durante su campaña presidencial en 1994, Colosio cayó en sendas trampas presuntamente preparadas por el singular personaje:

–Una tarde, en Hermosillo, Colosio fue llamado con urgencia por el presidente Salinas y debió interrumpir sus actos proselitistas. Tenemos fotografías que corroboran que el avión utilizado por él para viajar a la ciudad de México era propiedad de Amado Carrillo Fuentes, el Señor de los Cielos. Hemos cotejado la matrícula y las siglas; no hay duda.

–Bueno, eso no demuestra que Colosio hubiese sido reclutado por la mafia.

–Es una señal. En otra ocasión, durante una gira por Sinaloa, el candidato fue invitado por un "rico agricultor" a relajarse. También tenemos testimonio gráfico del encuentro: Colosio aparece con dos guapas jóvenes sentadas sobre sus piernas... y al lado suyo, con otra chamaca, está nada menos Joaquín el Chapo Guzmán.

Colosio, por cierto, fue informado de los recelos de la DEA cuando requería de un mayor acercamiento que se tradujera en aval para su victoria comicial. Y expresó:

–El avión ese me lo mandó Manlio Fabio Beltrones —en aquel momento gobernador de Sonora y miembro de un grupo político, el del exsecretario de Gobernación Fernando Gutiérrez Barrios, rival de Córdoba Montoya, lo que revelaría la tortuosidad del mecanismo para ensuciar a Colosio. A él se lo pedí. No supe más.

–¿Y las fotos con el Chapo?

–Me lo presentaron como un hombre de campo. Acepto que soy mujeriego y me dejé llevar. Pero no hay mar de fondo.

Para zanjar el asunto la DEA solicitó a Colosio separar de su equipo a varios elementos sospechosos, sobre todo a uno: el responsable de la Comunicación Social durante su truncada campaña, el chihuahuense Liébano Sáenz Ortiz. El aspirante presidencial respondió que lo haría. Días después, ya en febrero de 1994, la DEA le remitió una lista de presuntos candidatos a diputados y senadores con vínculos con el narcotráfico:

–Nunca llegó a sus manos —acepta el funcionario de la DEA. Ya habíamos detectado, por otro envío, que el general Domiro García Reyes, su jefe de seguridad designado por el Estado Mayor Presidencial, filtraba su correspondencia e incluso la ocultaba. Colosio se lo reclamó la primera vez; de la segunda no supo porque se interpusieron las manos de sus asesinos.

Domiro, sospechoso de haber abierto los cordones de seguridad para posibilitar la ejecución de Luis Donaldo como parte de la ominosa conjura, asumió su defensa con histriónicos matices, tal y como hizo después, en junio de 1997, Joseph-Marie Córdoba para deslindarse de las acusaciones de los legisladores perredistas sobre la presunta autoría intelectual del magnicidio. Sáenz Ortiz, por su parte, conservó estatus: fue el secretario privado de Ernesto Zedillo durante todo el lapso presidencial de éste (1994-2000).

Zedillo y Córdoba, unidos por tantas cosas, definieron en petit comité al apagarse la jornada electoral del 2 de julio de 2000 y sin el consenso del candidato presidencial priísta, Francisco Labastida, la victoria de la primera alternancia. Para Córdoba, por cierto, no hubo cambio. A mediados de 2001 se despidió de sus amigos de Guadalajara, donde radicaba, para sumarse al equipo de colaboradores discrecionales de Vicente Fox. Círculo cerrado.

En el mismo escenario, consumados los actos iniciales de gobierno, la separación entre el presidente Fox y la dirigencia del partido que lo postuló, se acentuó sensiblemente. Diego Fernández de Cevallos, senador de la República y exaspirante presidencial, resumió así su malestar luego del primer debate en el Legislativo sobre el coproyecto de ley indígena que exacerbó los adormecidos ánimos de los rebeldes neozapatistas:

–Debemos recordarle al señor Fox lo que él mismo estableció al tomar posesión de su elevado cargo: que el presidente propone y el congreso dispone.

Días antes, entre un apretado grupo de parlamentarios, incluida la presencia del senador priísta Enrique Jackson, el presidente Fox, perdiendo la mesura, no aceptó las recriminaciones de Diego con relación a otra polémica iniciativa: la primera de las reformas fiscales del nuevo régimen.

–¡Cállate, corrupto! —le espetó. A partir de ahora ustedes, los panistas, van a actuar exactamente como les diga.

Fernández, con fama de bravucón, quedó demudado, inclinó la cabeza y musitó:

–Si así lo estimas, Vicente, lo haremos.

La intolerancia de Fox tiene sustento en una larga secuela de oscuros intereses abanicados por Diego, líder de la fracción panista en la cámara de senadores. Por ejemplo, como abogado y so pretexto de que aún los peores delincuentes tienen derecho a la defensa y representatividad jurídica, no tuvo empacho en figurar en 1996 como el apoderado legal del Grupo Financiero Anáhuac en el que se concentran algunos de los mayores intereses pecuniarios de la familia De la Madrid.

(Disciplinado al fin, Fernández de Cevallos llegó al primer informe del señor Fox —septiembre de 2001— en calidad de presidente del senado, se sentó a la izquierda de éste y no movió un músculo del rostro ante la desatada marea de descalificaciones contra el mandatario, incluso con acento republicano sobre todo en voz de la diputada tlaxcalteca Beatriz Paredes Rangel, quien presidió la sesión y respondió al monólogo presidencial de acuerdo con los cánones y al viejo formato con reminiscencias priístas.)

Por la vía telefónica, el agente Héctor Berreyés, adscrito a la DEA estadunidense, me confió a mediados de 1990:

—Hay muchos juniors metidos hasta el cuello con los narcotraficantes. El principal es Federico de la Madrid, hijo de don Miguel. Pero también figuran los herederos de Javier García Paniagua y el primogénito del general Juan Arévalo Gardoqui —este último, ya desaparecido, fue secretario de la Defensa Nacional durante el periodo del señor De la Madrid: esto es de 1982 a 1988. Forman una especie de clan.

Y Federico, desde luego, apuesta fuerte: casado con una hija de José Luis Sánchez Pizzini, uno de los principales consejeros del Grupo Anáhuac, presidido por Mario Hurtado Horcasitas, sobrino del expresidente, utilizó a esta corporación como plataforma para invertir, entre otros lugares, en el Banco de Crédito y Comercio Internacional (BCCI) con la orientación, claro, de su hermano menor, Enrique de la Madrid Cordero, situado después, a partir de 1995 y durante buena parte de la administración de Ernesto Zedillo como vicepresidente de Supervisión de la Comisión Nacional Bancaria y de Valores; de ahí saltó hacia una curul federal en 2000.

El banco de referencia, cuyas ramificaciones descubrieron con estruendo los diarios de Argentina por sus nexos con el entonces presidente Carlos Menem, confinado en su domicilio a mediados de 2001 como presunto responsable del delito de contrabando de armas, fue clausurado en 1991 como consecuencia de tres muy graves cargos:

a) operar como la banca global de los grandes cárteles de droga;

b) amparar, financieramente, a los más poderosos traficantes de armas;

c) proveer servicios bancarios a dos organizaciones terroristas de muy alta peligrosidad.

¿Y quién fue el instrumento en México del exitoso BCCI mientras duró la parodia? Carlos Cabal Peniche, llamado el Rey Midas mexicano, cuya estructura bancaria, sobre todo fuera de las fronteras de su país, no parecía tener fisura alguna... hasta que perdió la protección, el aliento y la confianza de la familia De la Madrid al disponer de modo discrecional de las inversiones de ésta en contra de la corriente oficial a favor de la extranjerización de la banca mexicana. (Más adelante ampliaremos el contexto.)

De un detallado informe confidencial, elaborado por un grupo de políticos tabasqueños con base en lo investigado por la prensa argentina, transcribo dos párrafos fundamentales:

La fractura regional del sureste mexicano y el control de los recursos de esa región, es parte esencial del plan desestabilizador contra México suscrito por la mafia internacional.

Los arreglos con dinero criminal del BCCI, que fue sembrado en México por Carlos Cabal Peniche, todavía están vigentes y activos en entidades mexicanas como Chiapas, Campeche, Tabasco y Yucatán.

Y en el mismo tenor, durante el primer semestre de 2000, el Observatorio Geopolítico de las Drogas (OGD), con sede en París, sentenció:

> Durante los sexenios de Carlos Salinas de Gortari y Ernesto Zedillo Ponce de León en México, los cárteles de la droga desempeñaron un papel esencial en la estructura del poder, lo que abre el cauce hacia un narco-Estado.

El documento, en mi poder, registra que durante las administraciones de Salinas y Zedillo, la tendencia privatizadora oficial, en beneficio de un apretado grupo de socios relevantes, sirvió para el tráfico de influencias, la evasión fiscal y, sobre todo, "reciclar el dinero del narcotráfico". Todo ello como efecto soterrado de los derrumbes de la economía mexicana en 1987 y 1995. También en 1998, cuando la perspectiva comenzó a abrirse para el ejercicio de la democracia electoral y el fin de la hegemonía priísta.

–Si sigues el hilo conductor del narcotráfico —me dijo un destacado diplomático, priísta por cierto—, entenderás algunos de los hechos políticos relevantes de la época.

Para confirmar esto es necesario situarnos en el año de 1997, clave para explicar consecuencias posteriores, durante el cual ocurren, entre otros, dos hechos significativos: la aprehensión, en febrero, del general Jesús Gutiérrez Rebollo, considerado hasta entonces el zar antidrogas mexicano y señalado por brindar protección al cártel de Ciudad Juárez, y el reporte sobre la muerte, en el verano, de quien encabezaba a éste, Amado Carrillo Fuentes, el Señor de los Cielos y acaso el más poderoso capo de la época.

Gutiérrez Rebollo, desde su celda, ha dicho:

–Estoy aquí porque descubrí los nexos del presidente Zedillo y del general Enrique Cervantes Aguirre —secretario de la Defensa Nacional del propio Zedillo—, con los narcos.

El primero de los abogados del general Gutiérrez Rebollo fue asesinado el 21 de abril de 1998 en Guadalajara acaso con la intención de que se dispersara la defensa del degradado militar cuyos nexos con Carrillo Fuentes, inocultables, determinaron el curso definitivo de su proceso criminal.

La Unidad de Inteligencia Financiera, de cuyas actividades jamás se informa aun cuando está adscrita a la Procuraduría Fiscal de la Federación, como reseñé en *Los escándalos*, basó sus investigaciones iniciales, luego de su creación precisamente en 1997, en los informes del general Gutiérrez Rebollo, hasta que su nombre "saltó" cuando las pesquisas comenzaron a avanzar. Ismael Gómez Gordillo, entonces procurador fiscal, así lo reconoció:

–Fue un momento de gran tensión. Al general, responsable del Instituto Nacional para el Combate a las Drogas, le habíamos entregado un amplio expediente con los números de cuentas, la relación de propiedades de Amado Carrillo e incluso los nombres de sus socios. Luego descubrimos que él estaba ligado al capo.

La Iglesia, nada menos, en manos de Lutero. En el análisis de la OGD, cuya difusión fue limitada en México, se confirma el apotegma:

> Manuel de Jesús Bitar Tafich, una figura importante en los círculos financieros en el norte de México y quien ha hecho grandes inversiones en negocios de hotelería y otros sectores económicos en América Latina, fue a Chile a fines de 1996 con la intención de ayudar a Amado Carrillo Fuentes a establecer una nueva base de operaciones fuera de México. De hecho, Bitar fue el número tres en el cártel de Juárez y se piensa que mantuvo una cuenta en el Citibank de Santiago. Él se encuentra bajo la protección de las autoridades mexicanas.

Tal dice el informe sin abundar en una conexión por demás importante: Bitar, quien sufrió un serio atentado en 2000, es primo hermano de Ricardo Canavati Tafich, el empresario y político neoleonés que presume de haber sido el mejor amigo de Luis Donaldo

31

Colosio e incluso de brindar refugio a la viuda de éste, Diana Laura, y a sus dos hijos luego del crimen de Lomas Taurinas; y sobre él recaía la sospecha inicial de Ernesto Zedillo, a decir del sonorense Manlio Fabio Beltrones, sobre la posible autoría intelectual del magnicidio.

Al respecto Canavati me dijo en 1999, cuando fungía como vicecoordinador de la bancada priísta en San Lázaro:

–Nadie podría creer eso en Monterrey ni entre quienes me tratan. Ya verás, cuando me conozcas, tú también, cabrón, me vas a adorar. Además, Zedillo me tiene confianza: por eso he podido hacer carrera política.

–¿Y de Bitar qué me puedes decir?

–Pues sí, es mi pariente... pero yo no lo veo hace años. No puedo responder por él.

–¿Por qué te señaló Zedillo?

–Es un invento de Manlio. Él cree que yo fui quien informó a *The New York Times* sobre su posible involucramiento con los narcos. Todo porque le avisé que la versión se publicaría. Una sobrina mía, que trabaja en el diario, me lo dijo.

Es posible, desde luego, que Zedillo, si confrontamos las dos versiones, haya modificado su estrategia. De lo que no queda duda es de su negativa a difundir los términos de su presentación ante la Procuraduría General de la República, en abril de 1999, con relación al caso Colosio. Ni por el hecho de haber sido la primera diligencia de esta naturaleza que mandatario mexicano alguno haya ejecutado, amén de su importancia intrínseca, se han dado a conocer las preguntas y respuestas. Sólo se supo que se había verificado ¡cuatro meses después!

No es poca cosa, por tanto, lo que se oculta bajo las cortesías dispensadas al exmandatario Zedillo por haber reconocido, ¿sólo eso?, el triunfo de Vicente Fox. A éste, ya lo comenté, le entregué en propia mano, la hipótesis sobre el pasado político del país que se recoge en *La tempestad que viene*. La lectura termina con una interrogante:

–¿Los perdonamos?

Fox se detuvo en ella y respondió:

–Vas a ver que no. Haremos justicia.

Meses después, en junio de 2001, Fox suavizó su postura al dar pie a la creación de las "comisiones de la verdad" con la recomendación precisamente de que tuvieran disposición "para perdonar".

La impunidad tiene varias vertientes. Por ejemplo, los hermanos del exmandatario, Verónica y Rodolfo Zedillo Ponce de León —más bien medios hermanos puesto que no son hijos del mismo padre aunque ostenten el mismo apellido—, no sólo han sido involucrados en fraudes con inmuebles de interés social, en Chiapas, bajo el auspicio del exgobernador y exsecretario de Gobernación, Patrocinio González Garrido, sino que también son motivos de otras sospechas:

> El más joven de los hermanos del expresidente Zedillo —continúa el documento de la OGD— casi fue involucrado en un intento de compra del Grupo Financiero Anáhuac —ya dije, controlado por la familia De la Madrid— por parte del cártel de Juárez.

Rodolfo, por cierto, encontró cómodo refugio en San Antonio, Texas, desde donde controlaba la exportación de carne de bovino hacia México; sin límite alguno ni siquiera por el evidente desplazamiento que sufrieron los ganaderos mexicanos; y por supuesto se compró una residencia acorde con su estatus sobresaliente:

–Adquirió una mansión —confirmó un informante— en el fraccionamiento de mayor lujo de San Antonio: el Dominion Country Club, que emplea tres filtros de seguridad para el acceso dado el perfil de los ocupantes. La casa está a nombre de la esposa de Rodolfo, Norma Leticia González Pérez, y tiene un valor aproximado de un millón de dólares. Pero esto no es lo más importante.

–¿Hay más todavía?

–De acuerdo con un expediente de la DEA, la residencia de Rodolfo Zedillo fue adquirida, nada menos, por Amado Carrillo Fuentes, el Señor de los Cielos, en 1994.

Lo curioso del asunto es que en esta ciudad texana confluyen algunos de los mayores escándalos originados en México. Por ahí se vio, por última vez, al prófugo Manuel Muñoz Rocha tras el asesinato, en septiembre de 1994, de José Francisco Ruiz Massieu, del que le hacían responsable intelectual. Y allí fue llevado el conocido financiero Alfredo Harp Helú luego de ser secuestrado a principios de ese mismo, sórdido año.

–Un dato más: la esposa de Harp Helú es Silvia Calderoni, prima hermana de Guillermo González Calderoni, el comandante llamado el Rey de la Tortura al que aborreció Jorge Capizo —procurador general en 1993 y secretario de Gobernación durante 1994, dos de las etapas más críticas del periodo de Carlos Salinas.

Los nombres se conectan y también las vendettas entre grupos, cárteles y bandas frente al espejismo de la alta política.

–Por la liberación de Harp se pagaron tres millones de dólares que fueron marcados por la policía estadunidense. Y de ahí vino la denuncia de Lloyd Bentsen, quien fungía como secretario del Departamento del Tesoro estadunidense en esos días.

–¿Qué declaró Bentsen?

–Nada menos que el principal banco lavador de dinero era BANAMEX, del que Harp Helú era presidente del consejo de administración.

–¿Por qué llegó a esta conclusión que podría parecer temeraria?

–Los billetes marcados que sirvieron para el rescate de Harp, a decir de Bentsen, entraron y salieron del sistema bancario mexicano a través de BANAMEX. Harp era accionista del banco en donde operaban sus secuestradores, "lavando" el dinero sucio. Por cierto, a partir de este incidente, Bentsen no pudo conservar el puesto. (Existen versiones acerca de que el exsecretario del Tesoro mantenía relaciones dispersas e intrincadas en México... al lado de una de las facciones de narcos.)

34

Junto a Harp Helú, otro de los principales accionistas de BANAMEX-ACCIVAL hasta antes de la fusión de este banco con el Citigroup en mayo de 2001, Roberto Hernández Ramírez, es acaso uno de los amigos más cercanos y consejero financiero del presidente Vicente Fox, antiguo compañero de la universidad, y quien le proveyó a éste de la casa sita en el Paseo de la Reforma 607.

Y con Roberto Hernández, buen calculador y financiero, el señor Fox salió de vacaciones tras el ajetreo de su campaña presidencial y el anuncio de su triunfo. A Cozumel, claro, aprovechando las cálidas heredades que regularmente son motivo de sospecha. Don Pedro Hernández, padre de Roberto y ya extinto, me contó a principios de 1999:

–Tiraban sacos cargados de cocaína sobre las playas circundantes al rancho de Roberto para involucrarlo a mansalva. Todo ello por venganza: Roberto no quiso prestarle dinero a Mario Villanueva Madrid —entonces gobernador de Quintana Roo— ni a su lazarillo, Mario Menéndez. Y, claro, por eso Menéndez lo atacó ferozmente en su diario *Por Esto!*

En el cotidiano de referencia, cuando al parecer se ahondaba el vacío de poder bajo la férula de Zedillo, llegó a insinuarse que la relación entre éste y Roberto Hernández podría ser más que amistosa en el terreno personal.

Otra vez las vendettas. ¿A quién creerle si cada cual tiene las manos sucias? Hernández, por brindar cobijo al dinero sucio del narcotráfico; Villanueva Madrid, aprehendido en 2001, como enlace y protector del cártel del Golfo que a su vez extendió vínculos hacia el exgobernador yucateco, el cacique Víctor Cervera Pacheco. Los extremos, como las bandas, se tocan.

Pese a la gravedad de las denuncias soterradas de Menéndez, el doctor Zedillo no reaccionó contra el director de *Por Esto!* quien, apenas hace dos décadas, formó parte del Ejército Insurgente Mexicano, el antecedente de las Fuerzas de Liberación Nacional encabezadas por los hermanos César y Fernando Yáñez Muñoz, conocido éste como el comandante Germán y líder sin pasamontañas del Ejército Zapatista de Liberación Nacional. Guerrilleros y operadores armados por los mismos estrategas. ¿Sólo casualidad?

Hernández, en cambio, sí procedió judicialmente y aprovechó una relampagueante incursión de Menéndez en 1999 a Nueva York, a donde llegó para dar una plática a un grupo de escolapios, para fincarle responsabilidad penal ante una corte estadunidense. Menéndez expresó en aquella ocasión:

–Hernández no es más que un servidor del narcotráfico. BANAMEX "lava" dinero.

La línea para confirmarlo tiene que ver con la excepcional disponibilidad de esta institución de crédito y su millonaria puja para quedarse con BANCOMER en 2000 aun cuando el español Banco Bilbao Vizcaya (BBV) ya había ganado la concesión respectiva. En la península ibérica la crónica del suceso sirvió para subrayar el alto nivel de infección del gobierno mexicano puesto que se evidenció la protección oficial, entonces, hacia BANAMEX; y no prosperó la maniobra porque los accionistas del BBV amagaron con querellarse ante los tribunales internacionales.

La andanada de Roberto Hernández tuvo éxito. Por principio de cuentas, Villanueva Madrid se convirtió en prófugo en la víspera de entregar la gubernatura de Quintana Roo a Joaquín Ernesto Hendricks, en abril de 1999, y encontró refugio en uno de los ranchos de Cervera, mandamás de Yucatán, al sur de esta entidad. En esos días llamé a Mariano Herrán Salvatti, entonces responsable de la persecución contra los narcos, y le pregunté:

–¿Por qué no siguen las huellas de Villanueva que llegan a Yucatán?

–En eso estamos; pero no quiero hablar de más porque se nos puede escapar la liebre.

Desde luego, por ahí andaba Villanueva como lo constató Isabel Arvide, quien acudió a entrevistar al prófugo precisamente a Yucatán mientras los agentes judiciales buscaban en Panamá. Y no hubo autoridad alguna que lo descubriera sino hasta finales de mayo de 2001 ¡en Cancún!

–La historia reciente de México —expliqué en la Fundación Cultural José Ortega y Gasset de Madrid en marzo de 2000— es una crónica de vendettas entre grupos, cárteles, bandas y socios comunes que andan la senda de la traición.

Todos los nombres. Todas las familias. Luis Echeverría y su cuñado Rubén Zuno Arce, acusado en principio por contrabandear con nitrato de plata y después retenido en Estados Unidos acotado por sus intervenciones en algunos escándalos célebres, al calor de la mafia claro, entre éstos el asesinato del agente de la DEA Enrique Camarena Salazar en febrero de 1985; Miguel de la Madrid y su vástago Federico; Carlos y Raúl Salinas, el cofrade incómodo; y, desde luego, los medio hermanos Zedillo, además de la esposa, el suegro, el cuñado.

El Observatorio Geopolítico de las Drogas concluye:

> En 1996 una conversación grabada entre los hermanos Amezcua, los reyes de las metanfetaminas, y uno de sus abogados, menciona sus contactos con el suegro de Ernesto Zedillo, Fernando Velasco Márquez. Los Amezcua quisieron enrolar a Velasco como intermediario para obtener el favor presidencial para su cártel, el de Colima. Esto no ha sido avalado por una versión oficial. La conversación fue interceptada y filtrada por el general Jesús Gutiérrez Rebollo cuando aún estaba en su puesto.

En Colima, desde luego, la familia Zedillo Velasco continúa teniendo influencia y control. En los primeros días de marzo de 2001 difundí los antecedentes de Nilda Patricia Velasco de Zedillo, exprimera dama, con la intención de descubrir el verdadero perfil de la misma y la razón de su influencia emocional sobre su marido, Ernesto:

–En sus años mozos, la señora Velasco de Zedillo fue muy noviera e inquieta. Ella, de verdad, era activista del movimiento estudiantil de 1968. Y el fervor, y algo más, le unía a Miguel Ángel Correa Jasso, recién nombrado por el presidente Fox como director general del Instituto Politécnico Nacional y de larga carrera en la misma institución.

Quizá por ello, celos al fin, el doctor Zedillo, egresado del Politécnico pero para quien su alma máter es la Universidad de Yale, según contó a los jóvenes del Tecnológico de Monterrey, jamás regresó al campus en donde conoció a Nilda y luego fue acosado, una sola vez, por los granaderos. ¡Cuánto bien le hizo la fotografía aquella en la que se observa al joven Ernesto reprimido por los granaderos! ¡Cuánto mal, en cambio, le producen los recuerdos!

Como colofón, el director del *Diario de Colima*, Héctor Sánchez de la Madrid, optó, sin previo aviso, por cancelar la publicación de mi columna periodística. Y cuando pedí explicaciones, el subdirector editorial del cotidiano, a falta de respuesta de aquél, me transmitió:

–Don Héctor tiene un gran respeto por su trabajo... pero es que aquí, en Colima, se le tiene un gran aprecio a la señora Nilda. Usted lo entiende, ¿verdad?

Entendí, por supuesto, que hay todavía algunos caminos inescrutables. Los tres hermanos Amezcua ya han sido confinados, José de Jesús y Luis Ignacio desde junio de 1998, y Adán en mayo de 2001. Pero nadie acierta a investigar, a fondo, el nexo fundamental: el de los señores De la Madrid, oriundos de Colima, con la familia Zedillo.

El despacho presidencial es silencioso testigo; pero las paredes oyen. Alguna vez, como muestra, fue sorprendido ahí Emilio Gamboa Patrón, el fervoroso secretario privado del señor De la Madrid, quien protagonizaría a partir de entonces una fulgurante carrera política sin más preparación que las componendas —él estudió relaciones industriales en la Universidad Iberoamericana en persecución de otras metas—, fumando mariguana en compañía de su auxiliar Fernando Ulibarri. Y ahí mismo, sin carrujos de por medio, claro, Gamboa me dijo:

–Mi jefe, don Miguel, vivió al filo del abismo durante 1983, su primer año en Los Pinos. El ejército presionó como nunca.

Y en el mismo contexto, Andrés Manuel López Obrador, al frente de la jefatura de gobierno en la capital de país, visitó al presidente Fox en las primeras semanas de 2001 con motivo de la larga controversia en torno a la primera reforma fiscal del periodo, con la explosión del IVA sobre alimentos, medicinas, colegiaturas y libros. El presidente le dijo a López Obrador:

–Vamos juntos, Andrés Manuel. Recuerda que lo que captemos le será devuelto, con creces, a los pobres.

López Obrador, quebrantado por serios errores políticos, usó el sarcasmo como réplica:

–Cuando les devuelvan algo... los pobres ya estarán muertos.

A la vera de los presidentes sólo muy pocos saben para quién trabajan.

Los vecinos

–Yo sí sé cómo mataron a Colosio. No sólo eso: en agosto, va a haber más muertos y todas esas cosas.

Enrique Fuentes León, abogado penalista especializado en asuntos escabrosos, como la defensa de los capos ligados al célebre cártel del Golfo, amenaza, provoca, soborna. En una cinta grabada, en poder del FBI, Fuentes habla de más y ello posibilita, semanas más tarde, en septiembre de 1994, su captura en la ciudad texana de San Antonio.

Gray Renick, el oficial responsable del arresto, no dio importancia a quien acompañaba al abogado Fuentes León cuando fue interceptado por los agentes de inmigración de Estados Unidos. Luego explicaría:

–Yo y tres de mis compañeros luego supimos de quién se trataba al identificarlo por las fotografías. No tenemos duda alguna: era Manuel Muñoz Rocha.

Tras el asesinato de José Francisco Ruiz Massieu —entonces secretario general del PRI y en vías de aspirar a la presidencia de la República, ocurrido el 28 de septiembre de 1994 en la ciudad de México, si bien la conjura estaba dispuesta para finiquitarlo en agosto—, uno de los presuntos autores intelectuales del mismo, Muñoz Rocha, buscó refugio precisamente en San Antonio. Y fue ésta la última ocasión en que se le vio.

La periodista Julie Reynolds, del magazine *El Andar* de Los Angeles da cuenta de una evidencia incontrovertible:

43

La visa de Muñoz Rocha, la que usó para entrar y salir de Estados Unidos, unas semanas antes y otras después del asesinato de Ruiz Massieu, exhibía una dirección ambigua: "El Dominion, San Antonio".

Por cierto, Fuentes León es dueño de la casa más espectacular del fraccionamiento, el mismo, sí, en el que extendió sus dominios el capo Amado Carrillo Fuentes y en donde, claro, tuvo a bien traspasarle una mansión, de un millón de dólares, al hermano menor de Ernesto Zedillo, Rodolfo, cuyo estatus le permitió cobijarse bajo la sombra presidencial, durante el periodo de 1994 a 2000, para ser beneficiario directo de 8 millones de dólares como remanentes de algunos negocios ligados al cártel de Ciudad Juárez de Carrillo Fuentes.

Un informante, relacionado con el clan presidencial, me confió:

—El gran inversionista del Dominion Country Club es, sin duda, Ernesto Ancira, uno de los más dilectos amigos de la familia Bush. Le llaman Ernie e incluso fue postulado a senador por Texas en 1992 al calor de su cercanía con el presidente George Bush padre. Al término de la contienda los dos perdieron: Bush no pudo reelegirse y Ancira volvió a su exitoso negocio de venta de automóviles.

La "conexión San Antonio" ha sido, sin duda, redituable. Y se fraguó gracias a la amistad de Bush padre y Carlos Salinas de Gortari cuando ambos ejercían la presidencia de sus respectivos países. No había fronteras para ellos, ni secretos. A finales de 1989, cuando las conversaciones en pos del Tratado de Libre Comercio para América del Norte, llamado NAFTA por los estadunidenses, marchaban sobre ruedas, el presidente Bush ofreció, en la Casa Blanca, una cena de Estado a su colega mexicano.

Para la periodista Reynolds el evento tuvo una singular relevancia:

Los invitados, alrededor de catorce mesas, estaban destinados a ser el legado mexicano de George W. Bush, el actual presidente estadunidense, un legado de vínculos y conexiones transmitido de padre a hijo.

Entre los comensales, además de figuras del celuloide, como el desaparecido Anthony Quinn, y de la televisión, como Larry King, podría apreciarse a los dos hombres clave de la familia Bush en San Antonio: Ernie Ancira y el criminalista Roy Barrera, Jr., líder del Partido Republicano en Texas y uno de los organizadores del Grupo de los Cien, es decir, "los amigos de Bush".

Es fama que Ancira, cuyas raíces están en Monterrey, piloteó en varias ocasiones su avión Cessna con dos pasajeros de lujo: Robert Mosbacher Sr., secretario de Comercio durante el periodo de Bush padre, y Jaime Serra Puche, similar mexicano de éste durante el mandato de Carlos Salinas:

–Vamos a volar —solía decir. Es mucho mejor.

De este modo, los dos altos funcionarios obtuvieron la privacidad necesaria para afinar y acordar los términos finales del TLC, con la complacencia de los jefes de ambos.

Pero ¿quiénes son los Ancira? Durante la década de los setenta, Ancira padre fue investigado como presunto responsable de un escándalo de "lavado" de dinero a través de su empresa, San Antonio Foreign Exchange. Huyó a México para eludir otra acusación, la de evadir impuestos por más de 8 millones de dólares. Sin embargo, Ernie volvió a Estados Unidos, fundó un negocio de autos usados, en sociedad con un exagente de la FBI, Ralph Winton, y comenzó a relacionarse, ya millonario, con el financiero Guillermo Ávila.

–Ávila y sus cómplices —confirma una fuente— fueron confinados como responsables de traficar con dinero sucio producto de la venta de drogas a fines de los ochenta.

Explica Julie Reynolds:

En una casa de Ávila, en El Paso, Texas, se realizó una redada en conexión con el incautamiento de veintiún toneladas de cocaína en una bodega de Slymar, California, propiedad de su cuñado. El operativo constituyó un récord policial en la materia, y se descubrió que Carlos Tapia Archondo, conectado con el cártel de Juárez, vivía en la residencia de Ávila bajo los auspicios de Rafael Muñoz Talavera, uno de los principales lugartenientes de Amado Carrillo.

Los amigos de Ernie Ancira, por derivación, son los amigos de los Bush. Y de tal puede desprenderse el vínculo con el notable capo Amado Carrillo. A finales de abril de 2001 pregunté a un abogado con importantes conexiones en el mundo financiero si creía que Amado, el Señor de los Cielos, oficialmente muerto desde 1997, seguía con vida. Como respuesta, me miró fijamente y sentenció:

–En Estados Unidos no es difícil cambiar de personalidad.

Tampoco en México, cabría agregar, si los intereses confluyen en la cúpula del poder.

Los Bush se interesaron en invertir al sur de la frontera estadunidense en la década de los sesenta. George padre fundó una compañía petrolera cuya denominación bien vale la pena un análisis: Zapata Offshore Oil Company. Poco después se asoció con uno de los mexicanos más conocedores de la materia, Jorge Díaz Serrano, cuyas acciones en la empresa Perforaciones Marinas del Golfo (PERMARGO) fueron aparentemente rematadas cuando éste ocupó la dirección general de PEMEX durante la presidencia de José López Portillo.

A Díaz Serrano le pregunté, en alguna ocasión, sobre aquella sociedad:

–Somos sólo amigos —respondió cortante.

En tal contexto fue por demás significativo que don Jorge se convirtiera, en 1983, recién inaugurado el periodo presidencial de Miguel de la Madrid, en el primer legislador desaforado, tras un controvertido juicio de procedencia, por supuestas irregularidades

46

en la compra de algunos barcos petroleros durante su gestión oficial. Uno de sus abogados, Enrique Mendoza, me confió:

–En nuestro país la lucha permanente es por no caer en la cárcel aun siendo inocente.

Y así, Díaz Serrano, exsocio de uno de los hombres más poderosos del planeta —Bush fungía como vicepresidente de Estados Unidos al momento de la aprehensión de su amigo—, fue confinado durante todo el régimen del señor De la Madrid, quien le cobró la osadía de haber figurado como posible aspirante a la primera magistratura disputándola con él, sin que jamás se le dictara sentencia, en contra de lo ordenado por la carta magna que establece para ello un lapso máximo de dos años.

Mendoza agregó:

–Cuando existe de por medio una consigna presidencial no hay ley que valga... ni la Constitución.

Fue evidente, entonces, que por breve tiempo y pese a la relevancia de sus cargos públicos, el verdadero poder abandonó a Bush padre. La "nomenklatura", es decir, la Casa Blanca como institución superior a la presidencia, marcó otro derrotero aun cuando el personaje alcanzara, en 1988, el privilegio de sentarse en la oficina oval... ya no sería reelecto, pero esa etapa le permitió allanarle el camino a su primogénito.

La relación amor-odio entre el presidente Bush padre y los soportes del verdadero poder marcó igualmente la relación de éste con los Salinas tras la llegada de Carlos a la presidencia mexicana. Dos hechos confirman el aserto:

a) En el conocido rancho Las Mendocinas en donde Raúl Salinas de Gortari estableció la cría de caballos pura sangre con sementales de Kentucky, en tres distintas ocasiones vacacionaron los esposos Jeb y Columba Bush, el primero hermano de George, Jr., y la segunda de origen mexicano.

b) En 1990, dos años después de la llegada de Bush padre a la

Casa Blanca, la entrometida DEA estadunidense, la agencia para la persecución del tráfico de estupefacientes, tuvo conocimiento de una gran celebración, encabezada por el hermano mayor del entonces presidente de México, con la presencia de algunos célebres mafiosos, entre ellos Juan García Ábrego, conocido como el Capo del Golfo, y rival, por tanto, de Amado Carrillo.

García Ábrego, quien creció al amparo del cacique Juan Nepomuceno Guerra, el mismo que dio protección a los italianos posiblemente vinculados con el asesinato de John Fitzgerald Kennedy, ni siquiera fue discreto. Durante la campaña electoral de Carlos Salinas, en Reynosa, apareció al lado del candidato y se dejó fotografiar con él.

–La impresión que se tenía —me dice una fuente local— era que durante el sexenio de Salinas, García Ábrego sería intocable.

Y así fue. El poderoso Capo del Golfo, quien cooptó a los gobernadores del litoral, a todos ellos sin excepción durante la etapa de su mayor auge, fue aprehendido, tras un operativo sorprendente, el domingo 14 de enero de 1996 en Villa de Juárez, un pequeño poblado de Nuevo León a sólo 25 kilómetros de Monterrey. García Ábrego transitaba solo en una vieja camioneta pick-up cuando fue interceptado por una veintena de agentes armados hasta los dientes.

La reacción del zar de las drogas fue por demás extraña: primero corrió, saltó una barda y fue detenido cuando intentaba superar una segunda. Después, más tranquilo, encaró a sus captores:

–¿Por qué tanta violencia, señores, si vengo a cumplir con un pacto de caballeros?

Yolanda Figueroa, autora de *El capo del Golfo*, asesinada en su residencia, junto a su marido y sus hijos apenas dos semanas después de la aparición de la obra en mayo de 1996, contó que al momento de la aprehensión se escuchaba un corrido con una letra bastante curiosa:

Por el negocio que tengo
por dondequiera me paseo,
me gusta burlar las redes
que tienden los federales.
Los pinos me dan su sombra,
mi rancho pacas de a kilo...

Y en Los Pinos, la residencia oficial de los jefes de Estado mexicanos desde la década de los treinta, el entonces presidente Ernesto Zedillo Ponce de León, cual Poncio Pilatos, se lavó las manos:

—Vamos a entregarlo al gobierno de Estados Unidos —ordenó el mandatario. Allá lo han requerido, que allá lo juzguen. Será un buen golpe para afianzar nuestras relaciones bilaterales.

El entonces procurador general de la República, el panista Antonio Lozano Gracia, explicaría tiempo después:

—Había gran tensión en el ambiente. Nos saltaba a todos un nombre: el del expresidente Carlos Salinas.

Pese a ello, en ningún momento a lo largo del sexenio de Zedillo, se persiguió formalmente al poderoso señor que le había legado la titularidad del ejecutivo federal. Fue suficiente un telefonema desde Dublín, Irlanda, en donde residía el exmandatario:

—¿Vas a venir por mí? ¿De verdad? —interrogó Salinas a Lozano.

—No, señor. No hay elementos.

Y no pudo establecerse si aquella llamada fue en tono amenazador o bajo la presión del temor. Lo cierto es que bastó con una comparecencia de Salinas, en la embajada mexicana en Dublín, de la cual no se ha dado versión alguna. Lo mismo pasó en el caso de la declaración del doctor Zedillo en agosto de 1999. Ambas se relacionaban con el homicidio del malogrado candidato presidencial Luis Donaldo Colosio. Con ellas cesaron las pesquisas y las presiones.

García Ábrego, a quien se inventó la nacionalidad estadunidense so pretexto de trasladarlo a una prisión en Texas, pasó literalmente a un segundo plano. Ni una sola revelación trascendente, ni una sola conexión con quienes le protegieron. La lejanía de México y la soterrada actitud de la corte estadunidense diluyeron, poco a poco, la curiosidad pública en torno a este sujeto clave para entender algunos de los sucesos políticos relevantes.

Al mismo tiempo, Carlos Cabal Peniche, el gran financiero del grupo Salinas, protector de la fortuna de los De la Madrid hasta que éstos desconfiaron, pasó de la condición de rey Midas a la de rufián hasta ser detenido en Australia en 1998. Pese a ello, por falta de promoción por parte de la Procuraduría General de la República, ganó los amparos contra las denuncias por "lavado" de dinero hollando a la justicia mexicana.

Cabal también pasó por San Antonio bajo el cobijo de Nacional Financiera y de Óscar Espinosa Villarreal, el exregente de la ciudad de México y exsecretario de Turismo quien también le ganó los amparos a las autoridades judiciales desde su refugio en Nicaragua hasta ser extraditado y no pisar alguna cárcel mexicana. Intrigado por el espectacular despegue económico del personaje, un importante funcionario del Departamento del Tesoro estadunidense investigó por su cuenta y, al final, angustiado, confió:

–Es increíble. Jamás me había pasado algo igual.

–¿Qué sucede?

–Todos los expedientes relacionados con las operaciones de Cabal Peniche en Estados Unidos son considerados "top secret"... y no tengo acceso a ellos aunque debiera tenerlo. Es la primera vez que me sucede.

En su edición del miércoles 17 de enero de 2001, y con la firma de su director Luis Enrique Mercado, el diario *El Economista* publicó lo siguiente:

La campaña política de Carlos Salinas de Gortari fue financiada cuando menos con 17.7 millones de dólares, y quien fuera presidente de México entre 1988 y 1994 recibió en propia mano 10 millones de dólares.

La información respectiva, sin que se revelen las fuentes, fue filtrada por elementos del ejército nacional, cercanos al cotidiano de referencia, y en la misma nota se insiste que quien entregó el "paquete" millonario a Salinas fue, claro, Juan García Ábrego. El triángulo se cierra con la intervención de quien administró los fondos, Carlos Cabal Peniche, en pleno despegue del salinato trágico.

Lo interesante del asunto es que, seis años más tarde, Óscar Espinosa, en calidad de secretario de Finanzas del PRI, cuya hegemonía política se extendió por siete décadas, fue quien controló y administró los fondos sucios, enviados por Cabal, destinados a la campaña presidencial de 1994 a favor de Ernesto Zedillo.

La relación entre Cabal y Espinosa se consolidó a partir de que ambos, el segundo en calidad de director de Nacional Financiera, invirtieron en 1991 para adquirir una planta procesadora de frutas, la Del Monte Fresh Produce, en Coral Gables, Florida, para conquistar el mercado del sur estadunidense. En otras operaciones, ambos, unidos a Federico de la Madrid, hijo del exmandatario, casi monopolizaron la pesca y comercio del camarón en Campeche, amén de fincar en Tabasco, expandiendo así las inversiones de las familias presidenciales.

Roberto Madrazo Pintado, quien igualmente se benefició de los fondos administrados por Cabal para las campañas priístas de 1994, incluyendo la que le permitió alcanzar la gubernatura de Tabasco contra viento y marea, también a pesar de la resistencia del grupo zedillista encabezado por el primer secretario de Gobernación del periodo, Esteban Moctezuma Barragán, me dijo:

–Yo ya expliqué lo que me corresponde a mí y a los fideicomisos que se suscribieron. Hasta ahí van a llegar las cosas.

–¿Por qué lo dices?

–Porque lo que sigue es indagar los fondos que sirvieron para la campaña del propio Zedillo a la presidencia. No voy solo.

Espinosa Villarreal, el gerente de tales fondos sucios, jamás fue investigado con relación a este escandaloso asunto. La persecución judicial en su contra, limitada y con negligencia extrema por parte de la Procuraduría General de la República, entonces encabezada por Jorge Madrazo Cuéllar, se dio a partir de una acusación de la Contraloría del gobierno del Distrito Federal al descubrirse una desviación por 420 millones de pesos. Y, claro, al caso se le dio sesgo político.

Si Salinas llegó infectado al poder en 1988, tanto por la evidencia de un fraude electoral mayúsculo como por sus nexos con la mafia, Ernesto Zedillo, a quien nadie cuestionó en cuanto a su legitimidad comicial, no acertó a responder cuando, en su primera conferencia de prensa como presidente y al pie de la Barranca del Cobre, en Chihuahua, le preguntaron:

–Hay rumores de que su campaña, al igual que la del señor Ernesto Samper en Colombia, fue financiada con dinero sucio. ¿Es esto cierto?

–No. Es un infundio.

Y, como colofón, dio instrucciones para evitar este tipo de actos abiertos con la prensa. Sólo ofreció exclusivas, desde entonces, a seleccionados informadores de Estados Unidos.

Zedillo, por supuesto, cuidó sus intereses. Por ejemplo, su medio hermano Rodolfo llegó a San Antonio, la ciudad de los enlaces, con un pasaporte a punto de vencerse. Con este pretexto visitó el consulado mexicano en la ciudad texana y después ya casi no salía de ahí:

–¿Nos estará supervisando? —preguntaba, inquieto, el personal diplomático.

Rodolfo, más bien tímido y con muy pobre escaparate cultural, se apoltronó en la sede mexicana sin dar jamás explicación alguna. Y cuando el cónsul, Humberto Hernández Haddad, tuvo conocimiento de la captura del abogado Enrique Fuentes León y de la plena identificación del compañero de éste, el prófugo Manuel Muñoz Rocha, dejado en libertad porque los agentes del FBI no lo conocían, invitó a comer al más joven de los Zedillo y le dijo:

–Estamos en presencia de un asunto que pone en riesgo la seguridad del Estado mexicano. Es importante que lo sepa el presidente Zedillo.

Rodolfo, apocado, ofreció que intervendría y así consta en la denuncia presentada por el propio Hernández Haddad ante la Procuraduría General de la República y a la cual no se dio seguimiento alguno. Luego viajó a México y a su retorno volvió a reunirse con el cónsul:

–¡Ay, manito, mejor no le muevas! —exclamó, sintetizando, Rodolfo Zedillo. Se me hace que te van a dar de trancazos.

El cónsul, sorprendido, le respondió:

–En este preciso momento entendí en dónde estoy parado. Voy a dejar el consulado inmediatamente.

–No, hombre —intentó retenerlo Rodolfo. No es para tanto. Cálmate.

Y, sin ocultar su angustia, acompañó a Hernández Haddad hasta el automóvil. El cónsul, decidido, comunicó su resolución a sus superiores de la ciudad de México y, en concreto, al entonces canciller José Ángel Gurría Treviño, conocido como el Ángel de la Dependencia y quien ocuparía la cartera de Hacienda en enero de 1998. Gurría fue mordaz, incisivo, incluso grotescamente amenazador:

–Yo no quiero —le dijo Gurría al cónsul en San Antonio— tener diplomáticos-policías. No es nuestra función.

–Le recuerdo, señor secretario —replicó Hernández Haddad—, que por ley, los cónsules tenemos funciones de ministerios públicos respecto a los casos de mexicanos en nuestra jurisdicción. Cumplo, nada más, con mis facultades legales.

–¿A dónde quieres llegar Humberto? Te estás metiendo en terrenos muy peligrosos.

–Por eso ya he tomado mi decisión, señor secretario.

–Recuerda, Humberto, que te puedes morir en Estados Unidos lo mismo que en México...

Tras entregar el consulado de San Antonio al oaxaqueño Carlos Manuel Sada Solana, sobrino del excanciller Fernando Solana, quien fungió como tal durante los primeros años de gestión presidencial de Carlos Salinas (1988-1993), Hernández Haddad denunció judicialmente los hechos.

–No sé por qué no me persiguieron —me cuestionó el excónsul.

–Quizá porque tuviste la integridad de no romper con el sistema ni separarte del PRI. De otra manera, a no dudarlo, la sentencia se habría cumplido ya.

Algo sucio, muy sucio se fraguó en la Secretaría de Relaciones Exteriores durante el periodo zedillista. Glenn Mactaggart, fiscal del Departamento de Justicia estadunidense en ese entonces, procedió a hacer una investigación a fondo sobre los nexos extraños de los diplomáticos mexicanos. Y encontró material de sobra:

–Contamos con grabaciones —reveló— en las que se escucha cómo Enrique Loaeza Tovar, director general de Asuntos Consulares de la cancillería, sugiere a elementos de la PGR que oculten informes criminales para no afectar la imagen del gobierno. Si un funcionario estadunidense fuese descubierto in fraganti, como en el caso de Loaeza, sería, cuando menos, separado de inmediato de su puesto.

En nuestro país, en cambio, quienes "cumplen" con el sistema son premiados. Loaeza Tovar pasó a ocupar la embajada mexicana en Suiza y ahí permanece mientras los escándalos van y vienen sin establecerse las verdaderas y más serias conexiones. Y no es extraño, por tanto, que los expedientes judiciales sobre la mafia mexicana, que incluso conectan a los mayores crímenes políticos, se encuentren... en San Antonio.

Precisamente en la corte federal de esta ciudad texana, sita a unos doscientos metros del consulado de nuestro país y al lado del Instituto Cultural Mexicano, en el Cuarto G, se encuentran dos documentos fundamentales que dan cuenta de algunas reuniones muy singulares de personajes ligados a la alta política.

Las investigaciones respectivas están numeradas así: SA 94-CR 516M y SA 94-CR 377. Señalan como parte promotora al gobierno de Estados Unidos y como acusado a Enrique Fuentes León, el abogado que sirvió de escudo para la fuga de Manuel Muñoz Rocha tras el homicidio de José Francisco Ruiz Massieu. En tales documentos se revela, entre otras cosas, un encuentro secreto en los días previos al asesinato de Colosio en Lomas Taurinas:

> Un secretario de Colosio se reunió en San Antonio con José Ángel Gurría, quien sería secretario de Relaciones Exteriores a partir de diciembre de 1994, y con quien fungiría como subsecretario de la misma dependencia Juan Rebolledo Gout.

Los informes sugieren que pudo tratarse de una confabulación dado el contexto en que se realizó y la filiación de quienes participaron. Alfonso Durazo Montaño, quien fuera secretario de Colosio y nombrado para una posición similar por el presidente Vicente Fox, alegó al respecto:

–Desde luego yo no fui. Pero sé quién podría haber sido.

Sin confirmar, tampoco negó la especie. Lo interesante de la cuestión es que Rebolledo Gout fue, nada menos, jefe de asesores de Joseph-Marie Córdoba Montoya, la "eminencia gris" del doctor Carlos Salinas durante el mandato de éste. Cuando Córdoba, tras el asesinato de Colosio y en la víspera de la nominación de Ernesto Zedillo como candidato sustituto a la presidencia de la República, decide de motu proprio viajar hacia Washington para hacerse cargo de la representación mexicana ante el Banco Interamericano de Desarrollo (BID), Rebolledo Gout pasa a ocupar la secretaría particular a la vera del propio Salinas. No quedan cabos sueltos.

Y es la voz de Rebolledo Gout la que se escucha en una grabación telefónica, en comunicación con Roberto Hernández —director general de BANAMEX y uno de los más influyentes financieros del presente por su cercanía con el presidente Fox—, tras el secuestro, a finales, de 1997 de Fernando Gutiérrez Barrios, figura legendaria de la política quien murió extrañamente en octubre de 2000:

De lo de Gutiérrez Barrios —dice Rebolledo Gout en la conversación de marras— no hay ni que hablar. Le dio un susto el doctor Córdoba. Y si vuelve a sacar la cabeza se la va a cortar.

Pese a ello ninguna investigación seria se ha hecho sobre el particular. Ni siquiera existe un expediente formal en la PGR sobre el suceso que dio origen al aserto transcrito. En una de tantas paradojas de la vida política nacional, Rebolledo Gout pasó a encargarse de la Subsecretaría de Relaciones Exteriores, durante el mandato de Zedillo, precisamente para tratar cuanto estaba relacionado con las decisiones bilaterales con el gobierno de Estados Unidos. Córdoba Montoya, y con él Salinas, estuvo siempre plenamente respaldado.

Desde luego, las exitosas negociaciones entre Carlos Salinas y George Bush padre a favor del TLC, sirvieron para proteger el auge de ciertos negocios, como la Del Monte Fresh Produce. Un informe de la CIA revela:

> Administrada desde Villahermosa, Tabasco, la Del Monte fue usada para exportar cocaína a Estados Unidos desde el puerto Dos Bocas, el cual fue renovado por Carlos Salinas con dinero de los impuestos para facilitar las actividades de la empresa.

¿Y qué hizo sobre el particular la Procuraduría mexicana? El 5 de junio de 1995, bajo la titularidad del panista Antonio Lozano Gracia, consideró el caso fuera de su jurisdicción... ¡y envió el expediente a Tabasco! Por supuesto, en esta entidad, gobernada entonces por Roberto Madrazo Pintado, quien había obtenido la gubernatura lucrando con el dinero sucio proporcionado por Cabal Peniche —las "cajas de la infamia" exhibidas por el PRD dan cuenta de un gasto por 80 millones de dólares, cincuenta veces más de lo permitido por la legislación electoral—, el asunto fue "rápidamente desechado".

Por cierto, el mencionado Madrazo Pintado y Vicente Fox

Quesada fueron los aspirantes presidenciales que más prepararon el terreno en Estados Unidos y basaron en sus buenas relaciones sus mayores esperanzas. Madrazo no prosperó, vetado por Zedillo desde el principio; en cambio, Fox llegó a la presidencia inaugurando la primera alternancia en el ejecutivo.

Una de las cercanas colaboradoras de Fox, designada precisamente para promover en el exterior la cultura y bondades de Guanajuato, la plataforma de lanzamiento, me dijo:

–Don Vicente tiene tantas oficinas en Estados Unidos como los consulados que mantiene Relaciones Exteriores.

Y quizá se quedó corta. Por ello no extraña la cálida, estrecha relación que mantiene con George Bush hijo, el presidente que llegó a la Casa Blanca severamente cuestionado por el manoseo comicial, sobre todo en Florida, la entidad bajo el dominio de su hermano Jeb y su esposa mexicana Columba. Su primera visita internacional tras asumir el elevado cargo fue, claro, a México y concretamente al rancho San Cristóbal, propiedad de los Fox, el 16 de febrero de 2001. Después, los encuentros se han multiplicado.

–Ya es fama —me dijo Andrés Manuel López Obrador— que el "grandote" viaja más a Estados Unidos que al interior del país.

Sin embargo, hay cosas que, en el papel, parecen difíciles de arreglar. Una fuente cercana a la cancillería me hizo notar hasta qué punto puede estar debilitada estructuralmente la postura de Fox ante el gobierno de Washington:

–En el centro de todo se encuentra el Hoyo de la Dona, en el Golfo de México, en donde existen las mayores reservas petroleras de la región.

–¿Qué hay con eso?

–Desde siempre Bush padre ha pretendido que la Dona se privatice y para ello creó una nueva compañía con miras a beneficiarse con la extracción del abundante crudo. Sin embargo, por presiones de William Clinton, México legisló en la materia hasta llegar a un acuerdo bilateral sustancioso: nuestro país conservó 60 por ciento.

Además se abrió una franja de 23 kilómetros que no podrá explotarse en los próximos veinticinco años. Todo ello se firmó en 2000.

–¿Cuál sería el papel de Fox?

–No puede modificar el tratado existente por los candados establecidos. Por lo menos así se estipula.

El asunto tiene larga cola. Precisamente uno de los principales promotores a favor de la posesión de México de la célebre Dona, el panista José Ángel Conchello Dávila, fue arrollado por un tráiler en la madrugada del 4 de agosto de 1998 cuando el sustento de la controversia facilitaba la negociación de los aspirantes presidenciales.

Conchello, entonces senador de la República, viajaba en su automóvil con rumbo a Querétaro. Cincuenta kilómetros antes de su destino, a la altura de Palmillas, en donde se encuentra una caseta de cuota, el inmenso camión salió de pronto, pasó sobre la valla protectora y se introdujo al carril contrario impactándose con el vehículo del legislador.

–Una muerte muy oportuna —resume mi fuente. En ese momento, Conchello era uno de los mayores obstáculos en contra de la pretensión de privatizar la Dona en beneficio de las compañías petroleras de la Unión Americana, y en específico las de los Bush y sus socios.

–Un accidente desgraciado.

–¿Accidente? Le doy un dato: la línea camionera propiedad del tráiler sin control es la misma que estuvo involucrada en la tragedia y muerte de Manuel J. Clouthier, aspirante panista a la presidencia en 1988, en el kilómetro 158 de la carretera Culiacán-México, muy cerca del crucero de Tacuichamona, el primero de octubre de 1989. La razón social es: Transporte del Centro y Costa de Nayarit.

Clouthier, ya lo hemos dicho, pereció cuando analizaba la posibilidad de alejarse de su partido, Acción Nacional, molesto por la actitud negociadora de su dirigencia. En ese entonces el líder panista era Luis H. Álvarez, designado por el presidente Fox, en diciembre de 2000, como comisionado para la paz en Chiapas. El vocero de este instituto político, Carlos Castillo Peraza, muerto en septiembre de 2000, quien remplazó a Álvarez en la conducción partidista, se apresuró al aceptar la versión del accidente. Los hijos de Clouthier, el Maquío, jamás se lo perdonaron.

—¿Verdad que lo mataron? —me preguntó un día Tatiana, una de las hijas de Clouthier, en Monterrey.

No pude darle más que una apreciación porque, como suele suceder en los casos escandalosos, las pesquisas cesaron y el expediente se cerró de acuerdo con los intereses cupulares.

La clave de la cercanía, de la aparente amistad entre los presidentes Fox y Bush, Jr. puede estar circunscrita al viejo drama de México: el de la barbarie política. Por lo menos así parecen determinarlo los intereses de quien guía a la mayor potencia de nuestro tiempo.

Mi informante concluye:

—Alrededor de la Dona hay muchas claves.

Tantas como los amigos sin fronteras.

Las cofradías

–La regaste, Samuel. Tenías que haberte formulado una sola interrogante: ¿quién salió ganando con el asesinato de Paco Stanley en mayo de 1999?

Samuel del Villar, procurador de Justicia del Distrito Federal de 1997 al 2000, acepta el reproche de un antiguo colega. Ambos, rodeados de jóvenes aspirantes a la abogacía, optan por separarse de sendos grupos para concentrarse en el deslinde de los escándalos que no cesan. A Del Villar le pesan, aunque pretenda responder con desdén, los infinitos señalamientos en su contra por tantos casos sin desenlaces, manoseados por la intervención de terceros, en torno a las andanadas criminales en la ciudad de México.

–No pude romper con tantos intereses —responde Del Villar.

La controversia colocó en el escenario delictivo a las dos poderosas cadenas privadas de televisión, Televisa y Televisión Azteca, con relación a un caso, el del alevoso homicidio de Stanley, animador de revistas musicales y concursos con una buena fachada de bufón. Sin duda, acerca del crimen de referencia se ha dicho más, mucho más, que respecto al drama de Lomas Taurinas en donde, sobre la sangre de Luis Donaldo Colosio, se modificó el perfil histórico de México a favor de las mafias y cofradías. Me pregunta un litigante relacionado con el turbio expediente:

–¿Tú sabes quién es el propietario de El Charco de las Ranas? Esto podría ser muy importante en una indagatoria seria.

La conocida taquería, cuya mayor sucursal abrió al sur de la ciudad de México, precisamente sobre el Anillo Periférico, fue el escenario escogido para la ejecución del locutor Stanley, cuya parodia más exitosa consistía en humillar, una y otra vez, a quien administrativamente era su jefe: Mario Rodríguez Bezares, indiciado como cómplice del asesinato y liberado por falta de pruebas luego de permanecer en prisión año y medio.

–Atemos cabos: el propietario de El Charco es Raúl Sánchez Carrillo, conductor de noticiarios de Televisión Azteca. Por lo menos es quien figura como tal porque es un secreto a voces que el verdadero capital proviene de otro lado.

–¿De dónde?

–Si te menciono a Amado Carrillo Fuentes espero que no creas en la versión de su muerte.

El gran capo otra vez. No hay indagatoria relevante que no curse por el empantanado territorio de los narcos, los personajes con mayor poder en México y de quienes dependen no sólo algunas inversiones prósperas, sino el destino de una pléyade de políticos, incluso de quienes fueron considerados "opositores" durante la dictadura priísta, todavía con presencia y protección en los foros actuales.

Otra de mis fuentes, cuyas confidencias fueron transmitidas con el compromiso de no revelar su nombre salvo si fuera necesario confrontar sus informaciones con las de los implicados, me explicó:

–Ricardo Salinas Pliego era el "patito feo" de los Salinas Rocha. Su empresa, Elektra, especializada en las ventas a crédito, estaba de hecho quebrada cuando entró a la puja por los canales oficiales de televisión, el 7 y el 13. Y la ganó de manera por demás sospechosa.

–Sí, ya se sabe la historia de los 30 millones de dólares aportados por su tocayo de nombre y apellido, Raúl Salinas de Gortari, para que tuviera un amplio margen de maniobra.

–Pero nada se ha dicho de los otros 30 millones y de quien se los entregó.

Este episodio pudiera resultar esclarecedor. En los pasillos de la televisora con espléndida vista hacia el Ajusco, el cerro de los capitalinos, se cuentan las innumerables ocasiones en que el accionista mayor de la empresa, Salinas Pliego, fue interceptado y sobajado por el conductor Stanley, contratado con jugosos beneficios luego de su mudanza desde Televisa:

–Ni le hagas, Ricardito... Mientras no le pagues a mi compadre tú haces lo que yo quiero. Ya sabes que soy bien chingón...

Entre líneas se dejaba entrever el nombre de Carrillo Fuentes, muerto oficialmente en 1997, pero cuya influencia no cesa en muy altos niveles. No se hablaba del hermano del capo ni de sus virtuales sucesores. Sólo de él, el Señor de los Cielos, afincado en Ciudad Juárez, Chihuahua, al amparo de militares de la talla del general Juan Arévalo Gardoqui, secretario de la Defensa Nacional durante el mandato de Miguel de la Madrid y fallecido en 2000.

–El hijo del general Arévalo —me informó Antonio Gárate Bustamante, uno de los más asiduos servidores de la DEA estadunidense ahora encargado de asuntos "privados"— fue el enlace principal con los cárteles del norte. Y no hubo ninguna pesquisa sobre el particular. Lo que se sabe ha sido por aportaciones nuestras.

Tampoco las autoridades estadunidenses se han caracterizado por su celeridad. Como si la mafia del narcotráfico terminara al cruzar el río Grande y no se diseminaran, distribuyendo su valiosa mercancía, por el territorio de la gran potencia de nuestro tiempo. Quizá por ello es factible que los "más buscados" puedan encubrirse unos a otros sin mostrar sus verdaderas identidades.

Salinas Pliego, hastiado de las presiones, más bien los chantajes de Stanley, contrató para armar su propia seguridad personal a Tristán Canales Nájera, descendiente de una familia de políticos veracruzanos —su padre fue subsecretario del Trabajo y aspirante a la gubernatura de su entidad natal— y formado con rigor militar.

–Quienes guiaron sus pasos fueron varios generales, entre ellos Mario Arturo Acosta Chaparro, aprehendido en septiembre de 2000 al igual que el general Humberto Quiroz Hermosillo, acusados ambos por sus vínculos con el narcotráfico. La orden para el confinamiento de los milites la dio el entonces presidente electo, Vicente Fox.

Acosta Chaparro, el gran operador militar a lo largo del litoral de Guerrero durante el periodo del señor De la Madrid, proveyó a Tristán Canales de porros y karatecas especializados en tácticas paramilitares. Con ellos formó una amplia cadena con capacidad operativa de elite.

–Luego Canales designaría a Guillermo Márquez como su secretario particular —confirma la misma fuente. Márquez pasó a laborar al terminar sus funciones en Televisión Azteca, claro, como subsecretario del gobierno de Chihuahua bajo las órdenes de Patricio Martínez, el mandatario baleado por una exagente judicial en lo que fue el primer atentado político al arranque del nuevo régimen de la alternancia.

Las conexiones son múltiples. El gobernador chihuahuense Martínez se quejó, dos meses después del incidente que pudo costarle la vida en enero de 2001, por la evidente falta de celeridad en las investigaciones por parte de la PGR y del propio presidente Vicente Fox. Y alegó que "los panistas" minimizaban la querella aun cuando señalaba hacia los grandes cárteles.

Infiltraciones y refugios, de toda índole, conforman la nueva geografía política del país. Y obligan a repasar los nombres de los protagonistas cuyas manos aparecen siempre en los grandes sucesos. Por ejemplo, el vínculo entre la célebre artista pop Gloria Trevi, confinada en el penal de Brasilia, Brasil, desde febrero de 2000 al lado de su representante Sergio Andrade, y algunos personajes relevantes, podría ser un indicio que permitiría desmantelar a las poderosas cofradías del devenir político.

Salinas Pliego, bajo presión, contrató a la señora Treviño, tal es el apellido de Gloria, atraído también por el look irresistible de la singular contorsionista que se daba el lujo de arrojar pantaletas impregnadas con su sudor al auditorio. Todo parecía marchar sobre ruedas hasta que, en apariencia, desapareció Amado Carrillo de la escena. Fue entonces cuando el magnate, en una fiesta privada, intentó seducir a su cotizada estrella y deslizó la mano más abajo de la cintura de ésta:

–¡Óigame, párele...! —reprendió la cantante al poderoso señor.

Y la respuesta, altisonante, no se hizo esperar:

–Hasta aquí llegamos, Gloria. ¡Te voy a aplastar como a una cucaracha...!

La odisea del "clan", como se conoce al grupo de la Trevi formado por una decena de adolescentes supuestamente coristas, se convirtió, a partir de entonces, en el más grave escándalo de explotación sexual desde el descubrimiento, en San Francisco del Rincón, Guanajuato, de las Poquianchis y su regimiento de suripantas condenadas a poblar el cementerio particular de las tres famosas hermanas hace ya cuatro décadas.

En Brasil, claro, hay evidencias del paso de Amado Carrillo; y en Brasil, por supuesto, localizaron a la Trevi tras la denuncia de una de las jovencitas vejadas, Karina Yapor, embarazada, al igual que media docena de sus compañeras, entre ellas las hermanas De la Cuesta, por el señor Andrade. Casi todo se ha escrito y dicho sobre el asunto, salvo las implicaciones políticas.

Karina no quiso contarlo por recomendación de su abogado. Incluso negó la versión de que el grupo debió ejercer la prostitución, en cada estación desde México hasta España y después Brasil, para lograr el financiamiento imperativo. Y uno de los editores del libro de la casi niña Yapor, quien tiene apenas dieciocho años, me confió:

–Con frecuencia Eduardo Andrade, el diputado priísta que es hermano de Sergio, correspondía a las invitaciones del "clan". A Sergio le encantaba "mostrarle" su harén particular...

Eduardo Andrade Sánchez, caracterizado por su permanente actitud provocadora —recuérdese cuando irrumpió, ebrio, en un programa televisivo de Joaquín López Dóriga con motivo de la asunción presidencial de Vicente Fox— y uno de los que mejor se desplazan en el terreno de los debates, precisamente por su actitud desafiante y altanera, no iba solo a los encuentros. Además, fue él quien le abrió las puertas de Televisa a Sergio cuando hacía sus pinitos como comentarista deportivo de *24 Horas* bajo la batuta de Jacobo Zabludovsky.

El viernes 11 de mayo de 2001, Eduardo Andrade Sánchez me telefoneó:

—Le aseguro que es totalmente falso que yo me distrajera con las niñas. A Karina ni la conozco.

—¿Nunca visitó a su hermano Sergio?

—Bueno, iba a verlo a la playa con mi mujer y mi hija. Yo ni me percataba de las niñas.

—¿Ninguna convivencia?

—Me acuerdo un 10 de mayo en la casa de mi mamá en Cuernavaca. Llegó Sergio y estuvimos juntos. Sus niñas, pues, pasaban sin voltearme a ver. Parecían como esas mujeres árabes con turbantes. Cuantas veces estuve con ellos lo hice en una relación familiar. No hubo más.

—¿Y no ayudó a Sergio?

—Le ayudé mandándole a los defensores.

Uno de los abogados de la Trevi, sigiloso, me dio una versión "fuera de grabadoras":

—Es verdad que Sergio y Gloria no cohabitaron juntos... hasta que Amado Carrillo se "retiró". El capo era, de verdad, el hombre fuerte de la dama.

—¿Y cómo es que viajaron a Brasil? ¿No es paradójico?

—¿Quién puede confirmarte que Carrillo esté muerto...?

Se sabe, eso sí, del despliegue policiaco, encabezado por Juan Miguel Ponce Edmonson, quien se da el lujo de "rescatar" a la joven Yapor sin dar aviso a las autoridades brasileñas. Incluso, hay una denuncia contra él por este motivo en los tribunales cariocas.

—No te olvides que Ponce Edmonson —revela mi fuente— es medio hermano de Federico Ponce Rojas quien dirigió, en su condición de subprocurador de Justicia del Distrito Federal, el operativo para aprehender, en 1989, a José Antonio Zorrilla, acusado de la autoría intelectual del asesinato del periodista Manuel Buendía en mayo de 1984.

—Contactos no le faltan, por supuesto.

—Ni siquiera en el cono sur. El padre de ambos, el general Ponce Sánchez, fue médico militar y agregado en la embajada de México en Argentina. Es fama que, por su conducto, le fueron entregados 5 millones de dólares al dictador Juan Domingo Perón.

Ponce Edmonson, quien ha sido director de Interpol y fiscal especial de la Procuraduría del Distrito Federal, fue quien también capturó a Kamel Nasif Borge, el llamado Rey de la Mezclilla y primo hermano de Miguel Borge Marín, exgobernador de Quintana Roo.

—La historia tiene "cola" —insiste nuestro informante. En el arranque del sexenio de Carlos Salinas y con Manuel Camacho en la regencia de la ciudad de México, Ponce Rojas desempeñó funciones de subprocurador bajo el mando del veracruzano Ignacio Morales Lechuga.

—Sí, claro. Luego Morales "saltaría" a la PGR tras la salida del doctor Enrique Álvarez del Castillo, exgobernador de Jalisco en cuyas narices se instaló el primero de los cárteles célebres: el de Guadalajara, encabezado por el capo Rafael Caro Quintero.

—Así fue. Durante ese tiempo, muy bien protegido, otro de los mafiosos famosos, Joaquín el Chapo Guzmán, de Sinaloa, involucrado en el asesinato del cardenal Juan Jesús Posadas Ocampo en mayo de 1993 en Guadalajara, era presentado como un próspero empresario de la sierra de Puebla, dedicado a la maquila de pantalones. ¿Atas cabos?

—Y Kamel Nasif, aprehendido por Ponce Edmonson, era el Rey de la Mezclilla. Cerrado el círculo.

—Lo agarraron por defraudación fiscal con la intervención del entonces implacable subsecretario de Ingresos de Hacienda, Francisco Gil Díaz, designado por Fox como titular de la misma dependencia en diciembre de 2000.

El episodio terminó después de que los hermanos de Nasif Borge recibieron una llamada telefónica de Arsenio Farell Cubillas, entonces ministro del Trabajo, con acento eufórico:

–No se preocupen. ¡Ya está todo arreglado!

Farell sería premiado con abundancia: luego, ya en el sexenio de Ernesto Zedillo, fungiría como secretario de la Contraloría y no daría cauce a ninguna querella relacionada "con el pasado". Expedientes archivados.

Las cofradías han actuado con pleno dominio territorial y bajo el cobijo de la mayor impunidad concebible. El lunes 19 de marzo, en Tuxtla Gutiérrez, Chiapas, una esbelta señora, elegante y discreta me abordó entregándome una hoja de papel con algo escrito: "Soy Alejandrina Martínez viuda de Izábal. Mi marido fue Oficial Mayor de la PGR. Hace un año, el 8 de marzo de 2000, lo encontraron muerto".

–¿Se suicidó, verdad?

–De eso quiero hablarle.

Luego me confiaría una pesada carga emocional de la que aún no logra deslindarse:

–Eso de las cofradías, licenciado, ¿pudiera estar relacionado con el caso?

–¿Por qué lo dice?

–Mi marido, Juan Manuel Izábal Villicaña, no se suicidó. Puedo probarlo. Quisieron presentarlo como un corrupto que, acosado, decidió privarse de la vida cuando se sintió descubierto. Es sencillamente inverosímil.

–¿Había algún otro interés?

–Bueno, debo decirle que mi esposo era el único que no era homosexual entre todos los de mando superior en la Procuraduría. Bueno, tampoco Mariano Herrán Salvati.

Herrán, en calidad de subprocurador encargado de la persecución de los delitos contra la salud durante la administración zedillista, no pudo vulnerar a la mafia del sureste cuando el exgobernador de Quintana Roo, Mario Villanueva Madrid, huyó refugiándose en las heredades yucatecas de su protector, Víctor Cervera Pacheco. Al terminar el sexenio fue designado procurador en el estado de Chiapas.

—¿Qué opina Herrán del caso, Alejandrina?

—Me dice que todo es muy sucio, absurdo. Ahora vivo en Tuxtla y trabajo para la Procuraduría estatal.

—Una manera de estimularla, me imagino.

—Más que nada como terapia después de todo lo que he pasado.

Izábal Villicaña, según cuentan quienes le conocieron, sólo tenía dos adicciones: su familia y el trabajo. Era bebedor casual y muy disciplinado, al punto de que dejó de fumar cuando fue necesario para su salud. No tuvo fricciones serias con su esposa, eso dice ella, ni se conoció que mantuviera una doble vida.

—Fue todo muy extraño —cuenta su viuda. Por la noche del 7 de marzo me dijo que quería ir a ver a su hermano Eduardo para inyectarlo. Le pregunté si quería que lo acompañara, y titubeó. Al fin, resolvió marcharse solo puesto que no tardaría.

—¿Y qué pasó después?

—Cumplió con su hermano y me telefoneó por el celular. Dijo que ya estaba en camino. Pero lo sentí extraño, tanto que, al colgar, tuve la necesidad de llamarle. Lo hice y ya no respondió.

—¿Dio aviso a las autoridades? ¿A los jefes de su marido en la Procuraduría?

—Esperé, primero, lo razonable. Además porque cuando llamé a su hermano éste me dijo que seguramente se habría retrasado por algo. Así, hasta que dieron las cuatro de la mañana y no aguanté más: llamé a sus amigos y a los funcionarios de la "Procu". Y comenzaron a buscarlo.

—¿Y hasta qué hora se dieron cuenta de lo sucedido?

—Cuando llegó el chofer por la mañana, me dijo que estaba la camioneta de mi marido estacionada en la avenida Fuentemolinos que colinda con el fraccionamiento Rincón del Pedregal, al sur de la ciudad de México, en donde se encuentra nuestra casa.

71

–¿No le dijo más?

–Sí... que parecía que estaba Juan Manuel dentro. Con prudencia decidí salir a verlo... y lo encontramos. Lo vi de lejos porque, como estaban las cosas, no sabía qué podría esperar. Tenía un tiro en la cabeza. Pero vea esta fotografía.

La imagen es clara y demuestra que la posición original del occiso fue modificada. Las huellas de sangre marcan el cuello de la camisa aun cuando la cabeza no la roza. Además se observa, por el polvo acumulado en el parabrisas del vehículo, señales evidentes de que había pasado por algún camino de terracería. No había llovido.

–¿Es verosímil que haya decidido suicidarse en la esquina de su casa luego de pasar por su oficina para dejar sus mensajes póstumos? —pregunta Alejandrina.

–¿Son de él las cartas?

–Sí... incluso revelan que me quería dar algunas claves. Que protegiera a los niños, por ejemplo.

Días antes del desenlace fatal, a Izábal le avisan que su nombre figuraba como quien mantenía una caja secreta de seguridad en Citibank, tan célebre por las historias de los narcos, y una cuenta abultada.

–Todos los que laboraban en la Procuraduría —explica la viuda— tenían cuentas similares porque eran el conducto para el pago de sus honorarios. Lo más grave es que, por cierto, la sucursal bancaria nos avisa tardíamente que cerraría y saca y sella las cajas de seguridad.

–¿No se lo comunican a ustedes?

–Dijeron que nos habían mandado varios mensajes... pero nunca llegaron. En esa caja no había más de 700 mil pesos. Luego aparecieron otras con un millón y medio de dólares. ¿No le suena absurdo?

–¿El qué, Alejandrina?

–Que el supuesto móvil fuera porque le descubrieron una caja con 700 mil pesos y no cancelara las otras. Tuvo tiempo para hacerlo.

72

–¿Usted sabía que guardaba tanto dinero?

–No. Jamás lo comentó. Pudieron "sembrar" el dinero, como dicen en el argot.

De acuerdo con la versión oficial, el entonces procurador general, Jorge Madrazo Cuéllar, es avisado por los gerentes del Citibank sobre la irregularidad descubierta, es decir, la caja de seguridad con 700 mil pesos. Y se supone que por eso Juan Manuel se asusta y se mata.

–Lo peor fue la actitud de Madrazo —insiste, molesta, la viuda. Delante del presidente Ernesto Zedillo pronunció un discurso en el que condenaba la actitud de mi esposo muerto. Pero lo hizo con saña, sin indagar las verdaderas razones.

–¿Cuáles son éstas, Alejandrina?

–No sé, no sé. Algo muy turbio estaba pasando en la Procuraduría. A Juan Manuel le ordenaron que hablara mal de Raúl Ramos Tercero (subsecretario de Comercio quien se "suicidó", acuchillándose según la versión oficial, en septiembre de 2000, esto es, seis meses después, luego de un escándalo judicial con respecto al Registro Nacional de Vehículos, por él organizado a favor del argentino Ricardo Miguel Cavallo, primo de su mujer). Y se negó a hacerlo. Ya todo estaba fraguado.

–¿Él le dijo que querían fabricar pruebas contra Ramos Tercero?

–Sí. Y además me advirtió: "No te cuento más para no angustiarte".

Pero hay bastante más:

–Mi marido, Juan Manuel —cuenta Alejandrina—, fue el último contacto que tuvo en vida Mario Ruiz Massieu —el hermano de José Francisco y exfiscal "de hierro" sorprendido en Newark por no haber declarado que llevaba consigo más de 20 mil dólares y cuya extradición a México fue solicitada reiteradamente por la PGR sin éxito. Luego Mario optó por lo mismo: el suicidio. Se mató el 15 de septiembre de 1999.

73

Parece una secuela medida cronológicamente: cada semestre exacto un "suicidio" con evidentes hilos conductores. Primero Ruiz Massieu, después Izábal, y finalmente Ramos Tercero. La medida la dio el tiempo.

–La manera como pretendieron "embarrar" a Juan Manuel —insiste su viuda— fue muy torpe. Se "filtró" que había viajado a Disneylandia con toda su familia a cuenta de la dependencia. Y no fue así: el viaje lo pagó mi suegra y mi marido pudo demostrarlo. Habló con Madrazo y le enseñó los boletos y los comprobantes.

–¿Qué le respondió el procurador Madrazo?

–Que no era necesario, y que estaba bien.

–¿Por qué la saña entonces?

–Es muy raro, la verdad. Fue un linchamiento orquestado.

También lo fue mal rematado. La propia señora de Izábal indagó por su cuenta:

–Desaparecieron dos personas de la escena del suceso. Un comerciante de verduras y su ayudante. Siempre estaban en la esquina en donde encontramos la camioneta con el cadáver. Ahí, desde temprano, vendían su mercancía. No se les ha vuelto a ver.

Izábal sentía, además, repulsión por los suicidios. Cuando se supo de la muerte de Mario Ruiz Massieu, el secretario particular del procurador Madrazo, Armando Alfonso Navarrete, le dijo:

–El suicidio de Mario fue el mejor camino. ¿No crees?

–De ninguna manera —contestó Izábal. Es mejor siempre afrontar las responsabilidades.

En el sepelio de Izábal, seis meses después, el propio Navarrete, muy influyente por su singular perfil en la órbita de Madrazo Cuéllar, se acercó a la viuda.

–Me di cuenta —explica Alejandrina— que traía una grabadora bajo el saco. Luego quisieron implicarme.

–¿Cómo lo hicieron?

–Alegaron que había en la Oficialía Mayor ochenta aviadores y que la mitad del dinero iba a parar a mis manos. Puras mentiras.

Durante los interrogatorios, Alejandrina fue amenazada:

–No se olvide, señora, que Madrazo tiene todo el poder del mundo.

Y por ello querían que aceptara una falta inexistente, de acuerdo con su propia versión. Todo para aligerarle la carga a los investigadores.

–¿De quién sospecha?

–La relación entre Madrazo y Zedillo fue muy estrecha, demasiado. Quizá quisieron usar a mi marido o... no sé. Algo tramaron el presidente y el procurador.

Un hecho es incontrovertible: nadie alrededor del sitio en donde fue hallado el vehículo escuchó el disparo. Tampoco Alejandrina. Meses atrás le fue retirada la escolta al funcionario. Y pese a que las cartas de despedida fueron halladas en el despacho de éste, no procedió a matarse ahí mismo.

–Es muy claro —concluye la viuda. De haberse encontrado el cadáver de Juan Manuel en su oficina ello habría obligado a la PGR a intervenir. Optaron por dejarlo todo en manos de la Procuraduría del Distrito Federal.

Con las cofradías no se juega. De ello, por ejemplo, se dio cuenta muy tarde Manuel Buendía Tellezgirón, el columnista de *Excelsior* con quien dio inicio la más brutal saga criminal contra la libre expresión de nuestra historia. Más de cien asesinatos del mismo corte, desde entonces, confirman la putrefacción del sistema que se exhibe a sí mismo bajo el peso de la represión. Fue asesinado el 31 de mayo de 1984.

Quienes saben, confirman lo que es una evidencia a voces:

–A Buendía lo mataron por cuanto sabía de las Boquitas Pintadas.

Próximo a publicar dos artículos titulados así y con infinidad de insinuaciones, el periodista recibió la visita de José Antonio Zorrilla Pérez, entonces titular de la Dirección General de Seguridad, el brazo policiaco ejecutor de la Secretaría de Gobernación. En ese tiempo ésta se hallaba bajo la férula de Manuel Bartlett Díaz, señalado por la DEA estadunidense como uno de los enclaves políticos fundamentales del narcotráfico y uno de los más resistentes representantes del viejo régimen; todavía, tras la caída del PRI al que pertenece, Bartlett mantuvo su influencia para ocupar un escaño en el senado de la República a partir de diciembre de 2000.

Zorrilla le dijo a Buendía, según un testigo presencial:

–No le hagas, Manuel. Dame todo lo que tengas. El presidente ya sabe.

El primer mandatario, Miguel de la Madrid, formó parte del grupo que le dio la bienvenida a un alegre conjunto de travestis de Miami, con la intermediación del director de BANRURAL, esto es, la banca agraria, José Gamas Torruco y de Delia Montaño, una promotora muy bien relacionada. Pepe Gamas depositó la carga de Florida en el hotel Camino Real de la capital mexicana.

–Y allí se concentraron —me dice un conocido abogado— el propio presidente De la Madrid, su secretario particular, Emilio Gamboa Patrón, el regente Ramón Aguirre Velázquez, el secretario de Agricultura, Eduardo Pesqueira Olea y, desde luego, el inquieto joven titular de Programación y Presupuesto, Carlos Salinas.

La sucesión del señor De la Madrid, resuelta festivamente a favor de Salinas, se fraguó en aquellas tormentosas juergas bajo el fuego de aquellos jóvenes vestidos como mujeres.

Y Buendía lo supo. "Alguien" se lo filtró para hacer temblar a los contertulios "secretos". ¿Fue Manuel Bartlett, empeñado en ganar la candidatura presidencial a golpe de chantajes? Se sabe, eso sí, que éste le mostró al presidente un expediente "comprometedor" con el propósito de presionarlo. La maniobra pudo darle vida política... pero no la primera magistratura.

Cuando De la Madrid se enteró de la información de Buendía ordenó que Gamas fuera puesto en jaque. Y éste, a su vez, le avisó a Delia Montaño:

–¡Hay que correr, Pepe!

Y la mujer salió huyendo... horas más tarde de que, quién lo dijera, ardiera su departamento como advertencia. Días después, Buendía fue baleado por la espalda en un estacionamiento sito en la avenida de los Insurgentes de la ciudad de México.

–A un político mexicano —me dice, concluyente, mi fuente— puedes llamarlo asesino si quieres; pero no soporta que sea puesta en duda, públicamente claro, su virilidad.

Menos aún cuando se desempeña el más alto cargo ejecutivo del país y se tiene en la mano el destino de millones de personas. Quizá, por ello, pese a sus aviesas intenciones, De la Madrid protegió a Bartlett.

–En su declaración ministerial —insistí en su momento—, José Antonio Zorrilla, confinado por la autoría intelectual del crimen contra Buendía, involucró a su jefe, Bartlett, en la conjura. Dijo que sólo había obedecido órdenes de quien encabezaba la Secretaría de Gobernación. Pese a ello, Bartlett jamás fue citado por la Procuraduría, ni se le hizo declarar respecto al homicidio. Eso sí: ancló en el gabinete de Carlos Salinas, su acérrimo adversario, como secretario de Educación.

Y por ahí circularon, como claves del enigma, algunas fotografías de aquel exmandatario, vestido de manera por demás festiva y en compañía de algún intelectual de renombre, quien ya descansa en paz, en plena eclosión de vanidades.

Las Boquitas Pintadas cumplieron con su misión y tuvieron influencia notable en las decisiones que marcaron, años más tarde, la debacle definitiva de la dictadura priísta. Y es curioso apuntar que la denominación, Boquitas Pintadas, sirvió para impulsar el primer éxito y al primer grupo de coristas juveniles alrededor de Gloria Trevi y Sergio Andrade. ¿Sólo una coincidencia, o más bien una saga atrevida, descarada?

–Te aseguro que Gloria saldrá libre —me dice el abogado César Fentanes—, porque es inocente. No así Sergio Andrade. Éste ya no le importa a nadie.

77

–¿De verdad crees que nada tuvo que ver con el escándalo?

–Ella siempre operó por separado del grupo. Cuando se iba de gira, por ejemplo, las demás seguían con Andrade. Y sólo cohabitaron juntos, Gloria y Sergio, en los meses finales.

Los secretos abundan en la farándula política. También cuando se aplica una justicia discrecional que tiende, siempre, a proteger los intereses de cuantos se mantienen en la cúpula del poder. Arturo Durazo Moreno, el jefe policiaco de la era lópezportillista (1976-1982) y autoungido general sin carrera militar, emblema de la corrupción de aquellos tiempos, le espetó un día a "su" presidente y amigo de la infancia:

–Pepe: no vayas a cometer el error de designar como tu sucesor a un miembro de la cofradía. Es cuestión de seguridad nacional, carajo.

Durazo Moreno, llamado el Negro, no obtuvo respuesta convincente. Y finalmente Miguel de la Madrid fue señalado para seguir la senda presidencial. A la muerte de Durazo, el 7 de agosto de 2000, quien fuera su secretario particular, Daniel Molina Miranda, confirmó el episodio y lo relató en las exequias sin dejar de mirar al expresidente José López Portillo:

–De la Madrid y el sistema orquestaron una estruendosa campaña difamatoria contra el general hasta fabricar delitos por los cuales fue juzgado y sentenciado.

Durazo Moreno permaneció en prisión casi ocho años, desde el 29 de junio de 1984 cuando fue aprehendido al llegar disfrazado a San Juan, Puerto Rico. Y el gobierno de México invirtió más de un millón de dólares para lograr su extradición. Nadie metió las manos al fuego por él dada la secuela increíble de ilícitos e inmoralidades perpetradas en un horizonte de absoluta impunidad. Lo juzgaron, por lo menos, por contrabando de armas; y la justicia ignoró lo más, como el asesinato de trece asaltantes colombianos en los márgenes del río Tula para silenciar la complicidad de éstos con las propias autoridades.

Molina Miranda sentenció y así lo registró el *Semanario Mexicano de la Crisis*:

En 1981 el general Durazo le dijo al presidente López Portillo que el "poder gay" había penetrado cada una de las áreas de la estructura administrativa del gobierno federal.

López Portillo, presente en los funerales, bajó el rostro, juntó las manos y apretó la mandíbula. Instantes después, miró al exsecretario de su amigo el Negro y asintió con la cabeza sin musitar palabra alguna.

La cofradía ganó la partida. A México. Y permanece.

Las apuestas

–El verdadero origen de Vicente Fox se encuentra al revisar la historia de Herman H. Fleishman.

Abogado brillante, defensor de causas en apariencia perdidas, mi fuente informativa se explaya. Vive en McAllen, Texas, pero de vez en cuando se deja ver por Cuernavaca, muy cerca de donde tiene su mansión veraniega, llamada Los Laureles como evocación emocional de Los Pinos, el expresidente Luis Echeverría.

–¿Usted la conoce?

Medita unos segundos, sopesa las consecuencias y se anima porque "ya va siendo hora de hablar con la verdad":

–Fleishman fue un judío estadunidense, condecorado durante la guerra de Corea, muy inquieto como inversionista. Fue ganadero y uno de los principales accionistas de Coca-Cola en Atlanta.

–¡Ah, surgió la primera conexión con Fox! (como se sabe, el presidente de México laboró en la inmensa trasnacional durante varios años).

–Pero no con México. Sus nexos con el país son mucho más antiguos.

–Hagamos el repaso. No dejemos nada en el tintero.

El abogado lo toma con calma. Y, muy relajado, pero con energía en la voz, continúa:

–La hija de Fleishman se casó con Burton Grossman, dueño de la empresa Huasteca Petroleum Company, cuya sede se encontraba en Tampico. Y se volvieron socios. Eran los días de la explotación ilimitada de los recursos naturales patrios por parte de los extranjeros ambiciosos. De ello devino, claro, el primero de los graves disgustos de Fleishman: la expropiación petrolera decretada por el general Lázaro Cárdenas del Río en 1938.

—De un plumazo se quedó con las manos vacías...

—Pues no. Inteligente, más bien marrullero, buscó los servicios de la mejor barra de abogados de Tamaulipas. Al frente del despacho legal estaba, nada menos, el expresidente Emilio Portes Gil, fundador, al lado del general Plutarco Elías Calles, del Partido Nacional Revolucionario, el primero de los antecedentes del Partido Revolucionario Institucional (PRI).

—Un duelo formidable, me imagino, entre dos corrientes políticas sólo en apariencia afines.

—Y ganó Portes Gil luego de promover un juicio de amparo contra el decreto expropiatorio de Cárdenas. Pero poco le duró el gusto: un laudo de la Junta de Conciliación tiró por la borda el recurso legal.

El poder de Herman H. Fleishman mermó, pero no desapareció. Afincado, se rodeó de guardias blancas al amparo del general Guadalupe Sánchez, en plena eclosión de la revolución "Delahuertista", encabezada por el también exmandatario Adolfo de la Huerta. Eran aquellos los últimos brotes de los caudillos antes de ser desplazados por el presidencialismo.

—Como sea, Fleishman logró conservar parte de su patrimonio y, sobre todo, sus conexiones estadunidenses. Como muestra, fundó en Tampico la primera embotelladora de Coca-Cola, en 1929, y dos años más tarde inauguró su planta de Veracruz.

—No perdió el tiempo, por lo visto.

—Al contrario. Encontró muy rápido a sus nuevos socios. Con el concurso de su yerno, Grossman, y de Ignacio Beteta, responsable del Departamento de Educación Física durante el mandato del general Cárdenas y tronco de una familia con grandes vertientes en el mundo de las finanzas (incluyendo a su hijo Mario Ramón quien llegó a ser secretario de Hacienda en 1975), canalizó su fogosa personalidad hacia el Banco Continental Ganadero.

–Sabía en dónde ponía el ojo, sin duda. Con Dios y con el diablo, a la manera antigua.

Tras cuatro décadas de bonanza, el legado de Fleishman a México quedó registrado en dos rubros fundamentales:

a) Sentó escuela y, a su vera, crecieron tres jóvenes inquietos con perfiles de líder: José Luis González, Pedro Cerisola (secretario de Comunicaciones desde el primero de diciembre de 2000) y Vicente Fox Quesada.

b) En septiembre de 1982, consumada la polémica estatización de la banca tras el mayor saqueo de divisas que se recuerde, Fleishman se enfureció y conjuró. Sin esperar los frutos de la indemnización a los banqueros, a contracorriente de la decisión original, se puso en contacto con una pléyade de militares con mando en Tamaulipas y les conminó, ofreciéndoles financiamiento y cuanto fuese necesario, a derrocar al gobierno de Miguel de la Madrid en 1983.

Emilio Gamboa Patrón, el joven yucateco que se acomodó desde entonces como secretario privado del señor De la Madrid y aún permanece en la esfera pública al cobijo del padrinazgo, me confió a finales de aquel sexenio deficitario:

–Durante el primer año de gobierno, 1983, tuvimos serios contratiempos con el ejército nacional. Mira —me dijo señalando al filo del escritorio en su despacho de la residencia oficial—, estuvimos aquí... a nada de irnos al abismo.

Fue un lapso terrible en el que todas las fuerzas parecieron agitarse. Fleishman, sin duda, no midió sus alcances, presa de un profundo rencor contra la ineficacia gubernamental. Desbordado, atacó y perdió:

–En la esquina de Hamburgo y Niza —recojo el informe—, en plena Zona Rosa de la capital mexicana, y por ende el área de mayor confluencia de turistas y viandantes, un grupo desconocido interceptó su vehículo, golpeó y obligó a descender del mismo al chofer y lo secuestró. Días más tarde, sin que la policía metropolitana tuviera la mínima pista, su cadáver apareció totalmente calcinado en ciudad Nezahualcóyotl. Tenía 78 años de edad.

El crimen de referencia no ha sido esclarecido, como tantos otros que fueron considerados, en el mismo periodo ominoso, peligrosos para la estabilidad política del país. Pero Fleishman no se fue con las manos vacías:

–Colocó a sus tres discípulos, González, Cerisola y Fox, en la empresa Coca-Cola Export que se encarga de producir la fórmula, el jarabe más popular del mundo. Tiempo después, el viejo judío compró acciones de Aeroméxico y ubicó en esta línea aeronáutica a José Luis González quien, en apariencia, no pudo con el paquete. Cerisola lo sustituyó.

–¿Y el señor Fox?

–Permaneció en la Coca-Cola y ahí se desarrolló con todo el apoyo del grupo, incluyendo, claro, a los Beteta y a su socio Burton Grossman quien se quedó, a la muerte de Fleishman, al frente de sus negocios.

Tiempo después Fox surgió como un gran proyecto político. Grossman, quien mantuvo el impulso de su suegro Fleishman, puso el ojo en el Hoyo de la Dona, en el Golfo de México, reducto de excepcional riqueza petrolera. Y de alguna manera condicionó su apoyo y el de los judíos de Atlanta al compromiso de que los beneficiarios no soslayaran los mayores intereses del grupo, precisamente cuantos señalaban hacia el mar.

–Es un pacto que Fox ya no puede cumplir —sentencia el abogado. Clinton puso los candados y la zona es, por el momento, invulnerable a las ambiciones.

–Lo has dicho: por el momento.

86

–Si consideramos el peso específico de cuanto nos consta, Fox ha quedado abandonado a su suerte, debilitado ante la ambición de quienes le impulsaron y sin el respaldo de éstos.

Tal sería, por supuesto, una visión catastrofista, poco afín a la perspectiva que impulsan los neoliberales. La perspectiva más clara puede darse a partir de la cercanía con el presidente de Estados Unidos, George Bush, Jr., cuya familia no oculta sus intereses en el rubro energético. Es sencillo atar cabos.

Carlos Hank González, personaje central de la trama política durante casi medio siglo —en 1955, como alcalde de Toluca, conoció a Carlos Salinas de Gortari, siendo éste todavía un niño—, me dijo al respecto en su rancho Don Catarino, en Santiago Tianguistenco, el 11 de mayo de 2001, exactamente tres meses antes de su fallecimiento, en lo que quizá fue su último encuentro con un periodista:

–A Estados Unidos le conviene ver a Fox como un excepcional mensajero... pero con la banda tricolor. Esto es muy importante; es decir, que no pierda ni ubicación ni presencia para que sea respetado en el sur.

–¿No es ello preocupante, profesor?

–No lo creo. Fox va a salir bien. Nos conviene a todos que así sea. Y eso sin disimular que me dolió mucho que perdiera el PRI, mi partido.

El maestro, entonces convaleciente de un largo tratamiento en La Joya, California, en donde no pudieron extirparle el tumor canceroso descubierto en 1988, sabía que sus días estaban contados:

–Me voy a morir con el mal... pero hasta dentro de veintisiete años, cuando tenga cien de edad. No antes. Cuando me dijeron que lo tenía me dieron doce meses. Y les dije a los doctores: "Ahí nos vemos; tengo mucho que hacer". Ya había aceptado incorporarme al gobierno de Salinas.

El pronóstico, desde luego fue fallido. Hank murió exactamente seis días después de la victoria del PRI en Tabasco, caracterizada por la exaltación de su discípulo, el exgobernador Roberto Madrazo,

87

quien se casó con Isabel de la Parra, su actual esposa, cuando ésta estaba preñada de Jorge Hank Rhon. El hijo de Isabel y Roberto... es nieto del "maestro".

Señalado por unos como "el capo de capos", sin ninguna acusación concreta de por medio, adorado por otros, mecenas incluso de un expresidente, José López Portillo, a quien le construyó una mansión y otras más para los hijos de su primer matrimonio, Hank vivió sus últimos meses rodeado de pinares, quizá nostálgico de la mansión presidencial —Los Pinos— que estaba condenado a no ocupar jamás, y en medio de un campo de golf particular.

—Es mi cárcel. De lujo, pero cárcel —refiere.

—Creo que me animaría a canjeársela... por mi libertad —bromeo al final de la charla.

La propiedad impresiona. Desde el portón de entrada se sigue un sendero de dos kilómetros y medio hasta llegar a la mansión principal, de estilo campestre, rematada en el exterior por una fuente de cantera, una réplica de *El beso* de Rodin y un rinoceronte de cobre. Una patrulla sirve de guía a los visitantes, pero no avasalla la seguridad.

Hank, el poderoso, leyenda para cuantos fueron formados al calor del priísmo tradicional, nos contó parte de su historia:

—Desde joven asumí que no podría aspirar a la presidencia de la República por ser hijo de padre alemán. La Constitución lo prohibía.

—Por lo visto, la reforma al artículo 82 le llegó muy tarde, profesor. Fox es hijo de extranjeros y ya se sentó en la silla.

El "maestro" —llamado así por sus correligionarios y amigos—, recuerda entonces una festiva reunión con el expresidente José López Portillo y quien había sido su vocero, el jalisciense Francisco Galindo Ochoa. Éste le dijo a su antiguo jefe:

—Oye, Pepe, ¿por qué no adelantaste la reforma?

Y López Portillo respondió sin miramientos:

—Por tontejo, Pancho. Por tontejo.

Hank rio de la ocurrencia, volvió a vivirla y puntualizó:

–El licenciado López Portillo no pierde el sentido del humor ni después de sufrir un infarto. Fue fascinante cuando afirmó que su mujer, Sasha, le había prohibido morirse.

Después, resumió así su propia experiencia:

–Si López Portillo hubiera quitado aquel candado, tres nos habríamos incorporado a la lista sucesoria: Jesús Reyes Heroles, de padre español y quien fue titular de Gobernación al inicio del sexenio; Arsenio Farell Cubillas, entonces director del Instituto Mexicano del Seguro Social; y yo. Eran demasiadas dedicatorias.

Luego reflexionó:

–Pese a todo, aquellos tres grandes amigos de los años mozos, Luis Echeverría, Pepe López Portillo y Farell, ¡qué fuertes siguen! Echeverría parece un toro. En su juventud se juraron lealtad y, además, que los tres llegarían a la presidencia. Don Luis y Pepe lo lograron; no así Farell por razones de origen. ¡Qué ironía!

Farell representa, a cambio de no poder ser nominado para la primera magistratura, el hilo conductor entre las diversas corrientes políticas integradas sólo dentro de la estructura priísta. Durante los periodos de Miguel de la Madrid y casi todo el de Carlos Salinas, a lo largo de once años y cinco meses, ocupó la Secretaría del Trabajo y Previsión Social. Después fue utilizado, durante cinco años del periodo de Ernesto Zedillo, como titular de la Secretaría de la Contraloría. Un caso relevante que apuntala las herencias políticas y, sobre todo, la fuerza de la impunidad.

–La verdad, profesor, ¿nunca le molestó el impedimento, ni intentó combatirlo con sus operadores políticos? —insistí a Hank.

–No. Lo tenía perfectamente asumido desde mi juventud. No me sedujo ir a más.

Quizá por ello, baldado políticamente por los arraigados y acaso explicables prejuicios históricos, optó por convertirse en el mayor empresario de la clase política mexicana. También en el confidente insustituible y consejero de excepción de cuantos lo tuvieron cerca.

Una muestra: el 28 de febrero de 1995, a las diez de la mañana, Carlos Hank González visitó a su "tocayo" el expresidente Carlos Salinas de Gortari en su residencia sita en la calle de Dulce Encino, en la ciudad de México. Al llegar se encontró con el entonces secretario de Gobernación, Esteban Moctezuma Barragán, quien había acudido a desayunar con Salinas.

–Ya ve usted, profesor —comentó el exmandatario—, Moctezuma vino a decirme que no me preocupara y a refrendarme la amistad del presidente Zedillo. Pero no le crea nada.

–¿Todo bien entonces? —preguntó Hank.

–Así me lo aseguró.

Dos horas más tarde, Raúl Salinas, el hermano incómodo, cayó de bruces en una trampa prefabricada por la PGR y fue aprehendido.

–¿Se acuerda usted, Rafael? —me interrogó el maestro de Santiago Tianguistenco. Usted y yo estábamos en mi despacho de Prado Norte, en la capital del país, cuando me avisaron.

–Y se quedó usted demudado, profesor.

–No podía creerlo por lo que había atestiguado por la mañana.

Sin perder su habitual bonhomía —"cada vez que me cambio de posición me mareo un poco"—, Hank sabía medir cada palabra e interpretar cada intención.

–¿Todavía siente simpatía por los Salinas?

–Los quiero mucho —respondió Hank sin pensarlo.

Le repliqué:

–A Fernando Gutiérrez Barrios —ministro de Gobernación durante los cuatro primeros años de la presidencia salinista, y llamado por el exmandatario el Hombre Leyenda— le ocurrió otra cosa. Primero defendía a Carlos Salinas y acabó cuestionándolo muy severamente... a pesar de que pocos podían decirse tan "institucionales" como él.

–¡Ah, Fernando! Pero es que a él lo corrió Salinas de fea manera. Me entristeció su muerte porque no pude despedirme. Estaba fuera del país cuando me avisaron que lo habían internado. Creí que era un error porque le sabía fuerte y se cuidaba mucho. Y a los cinco minutos mi secretaria, Yolanda Morales, me dio la noticia de su muerte. Qué extraño, ¿verdad?

–¿No se equivocó Salinas?

–Por favor, Rafael. Todos nos equivocamos alguna vez... más quienes tienen una responsabilidad tan grande. Sí, se equivocó.

Observé a Hank sin la pesadumbre que otros no disimulan aún por el fin de la hegemonía priísta. Y se lo dije.

–A López Portillo se le veía muy triste, no sólo por su conflictiva personal. Como que le pesa tremendamente su parte de responsabilidad histórica. Y dicen que por la misma razón el "duro" Gutiérrez Barrios se quebró antes de atestiguar la asunción de Fox. Usted ha asimilado la realidad con mayor tranquilidad.

–Me dolió desde luego la derrota de mi partido. Pero no se ha dado ni se dará un cambio brusco.

–¿A usted no le han molestado?

–Para nada, Rafael.

(En *La tempestad que viene* formulé que el presidente Fox tendría que optar por una de dos posibilidades: enfrentarse a las mafias y esperar la respuesta de éstas; o aliarse con las mismas para evitarse contratiempos y amenazas.)

–¿Podrá levantarse el PRI, profesor Hank?

–Lo hará. Le hace falta un líder en serio. Y ahí está Roberto Madrazo.

–¿Con todo y las "cajas de la infamia"?

–Eso ya es muy viejo. Roberto tiene carisma y empuje. Es lo que necesitamos.

Me habían dicho que había ruptura entre ellos. Confirmé lo contrario. Hank mantuvo hasta el final su influencia en Tabasco, en donde se dio uno de los más serios desprendimientos priístas de la mano de Andrés Manuel López Obrador, y sede también de la explosión financiera que signó Carlos Cabal Peniche. De ahí son también los Madrazo: Carlos, el padre brillante y visionario que intentó canalizar su fuerza interior hacia una "Patria Nueva", una bifurcación política estratégica, y Roberto, uno de sus hijos, resistente por momentos hasta ante el presidencialismo y negociador, las más veces, dispuesto a rescatar al PRI de sus carceleros.

–Ahora mismo —me confió el tabasqueño Humberto Hernández Haddad—, Manuel Gurría Ordóñez, exgobernador, es dueño del PRI y capataz del rancho de los Hank y Madrazo: Tabasco.

–Pero ya no tienen todos los controles —repliqué. Tanto, que el PRD estuvo a punto de ganarles la partida por la gubernatura. Quizá por ello se distanciaron el maestro y el discípulo por breve lapso. Hasta que Manuel Andrade Díaz, madracista, tuvo el camino despejado para acceder al palacio de gobierno.

Hank llegó a la entidad del sureste, "un edén" según la canción insignia, como delegado del PRI durante la gubernatura de Carlos Madrazo Becerra (1958-1964). El secretario general de gobierno de éste era, nada menos, Gurría Ordóñez, su sobrino. Al término del periodo sustituyó a don Carlos su secretario, Manuel R. Mora. Luego asumiría el timón de mando, de 1970 a 1976, Mario Trujillo García, quien antes fue delegado priísta en el Estado de México mientras Hank desempeñaba la titularidad del ejecutivo en esta entidad.

–La confabulación es enorme —me explica una fuente confidencial. Cuando llegó al gobierno de Tabasco Leandro Rovirosa Wade en 1976, luego de haberse desempeñado como secretario de Recursos Hidráulicos, impulsó a Gurría Ordóñez hacia la presidencia del "municipio del centro Tabasco", esto es, de Villahermosa. Pero Gurría, días después de los comicios, anunció que no tomaría posesión, porque Hank lo designó secretario general de gobierno del Distrito Federal.

Sin embargo las ganancias no se distribuyeron parejas. De Tabasco surgieron las líneas financieras fundamentales durante la primera década y parte de la segunda del neoliberalismo —desde 1982. Y a cambio de eso el abatimiento de la producción fue tremendo:

–Es casi una zona de desastre. Los sectores básicos están terriblemente quebrantados. Sólo las cabezas de ganado han disminuido de un millón 600 mil, a únicamente la mitad en un breve lapso. Plataneros, cacaoteros, copreros y cañeros se encuentran desesperados.

La solidez económica de los Hank, a cuya sombra se engendró Cabal Peniche, se resume por su capacidad de fusión con quienes detentan el verdadero poder.

–En 1986 —continúa mi fuente—, el año en que se evidenció el estancamiento productivo de México, Carlos Hank González fundó el Columbus Group al lado de los veintiún latinoamericanos más ricos. Se reunieron en la ciudad de México y definieron posiciones.

–¿Cuál era el objetivo?

–En el acta constitutiva se establecía como prioridad "redefinir" el destino de América Latina.

(Otra vez el prefijo "re". No quiero dejarlo pasar por alto. Un cercano amigo del expresidente Miguel de la Madrid, con quien Hank jamás colaboró, insiste en que tal es el sello del grupo delamadridiano. Siempre "re": *re*negociación de la deuda, *re*novación moral, *re*estructuración financiera, etcétera.)

–El Columbus se declaró, además, como no lucrativo y sus integrantes explicaban que trabajarían gratuitamente "para que las sociedades de América Latina se transformaran en gobiernos con instituciones democráticas y economías de mercado".

–Un lenguaje evidentemente político.

–Dos objetivos a mediano plazo explicaban el sustento del grupo: luchar por la privatización de las paraestatales y dirigir a las naciones hacia la integración de tratados de libre comercio. Es decir, cuanto ha venido dándose en la perspectiva global.

–¿Vanguardistas o visionarios?

–Más bien, como buenos hombres de empresa, calculadores. Y por eso se fijaron en un elemento clave para que fuera uno de los dos enlaces de Columbus con Washington: Jeffrey Davidow, quien diez años después, en 1996, sería designado embajador de Estados Unidos en México. ¿Sólo casualidad?

Entre los principales fundadores mexicanos de Columbus,

además de Hank, se anotó a Gilberto Borja Navarrete, de la constructora ICA, y a Carlos Abedrop Dávila, padrino de Carlos Salinas y operador de Aseguradora Olmeca. Una familia sólida, desde luego.

Pese a la discreción con la que el grupo efectúa sus movimientos, en ocasiones la locuacidad de ciertos mandatarios lo ha colocado ante la curiosidad pública. Fernando Henrique Cardoso, presidente de Brasil, saludó con entusiasmo una visita de Hank y sus socios a aquella nación anunciando a los cuatro vientos:

–Algunos de los rubros estratégicos en los que será bienvenida la inversión privada son los de teléfonos, petróleo, electricidad, ferrocarriles y carreteras.

El corazón del país, nada menos. Y todo en bandeja de plata para los dueños de los grandes consorcios del continente. No extraña que la iniciativa hankista se diera cuando el maestro se hallaba fuera de la estructura gubernamental, en apariencia, aun cuando midiera sus alcances:

–Recuerde que en México —me aconsejó un día— se puede ser adversario de un régimen, ¡jamás de dos consecutivos!

Y con esta filosofía como punta de lanza aceptó incorporarse al gabinete de Carlos Salinas en 1988, tras un sexenio fuera de las funciones oficiales y a pesar de los diagnósticos de los médicos.

–Recibí la agricultura en una situación deplorable, sin producción —me explicó el "maestro". Debimos trabajar muy duro.

Y fue así cuando Hank anunció, con bombo y platillos, el inicio de la autonomía en la producción de granos, una presea efímera. Después, las puertas del país se abrieron sin límite alguno y los productores locales dejaron de estar protegidos.

En el desarrollo de la trama destaca un hecho significativo: la historia reciente del país está marcada por el enfrentamiento subterráneo de quienes detentan los grandes capitales.

–Cada sexenio —me dice un informante—, estrena a sus propios narcos. Y los impulsa.

Se evidencia, eso sí, que las distancias entre un mandatario y otro, la ruptura del cordón umbilical (siguiendo el caló político tradicional), se establecen a partir de los acomodos de los grandes cárteles en la perspectiva general.

–Si Hank estuvo fuera durante el gobierno del señor De la Madrid —insiste nuestro informante—, ello se debió a que este presidente comenzó a privilegiar al gran Capo del Golfo, Juan García Ábrego, en detrimento de las mafias del norte, esto es de Tijuana y Ciudad Juárez, en pleno "pulso" entre zares de la droga.

La respuesta podría haber sido Columbus. Y un sexenio más adelante, cuando Carlos Salinas fue convencido de iniciar la ruta hacia un "Mercomún norteamericano" —bastante más que el Tratado de Libre Comercio signado entre éste y el entonces presidente estadunidense, George Bush padre—, sobrevino el boom del Señor de los Cielos, en Ciudad Juárez, y el de los hermanos Arellano Félix en Tijuana.

–La fuerza de los capos es por etapas, ciclos —continúa el informante. Cuando Bush padre no pudo alcanzar su reelección en 1991, Salinas quedó al garete y acabó rebasado por los hechos.

La barbarie política de 1994 puede inscribirse en el mismo escenario. Las presiones a favor de la alternancia, materializadas en la "cláusula de democracia" exigida por las potencias de América del Norte para incorporar a México al acuerdo comercial, se interrumpieron, abruptamente, con el gran golpe de las mafias: el asesinato de Luis Donaldo Colosio. El crimen proveyó de elementos sustantivos para evitar entonces el fin de la hegemonía priísta, salvando la estabilidad de la región... y ganando seis años para hacer posible el acomodo de los grandes intereses. Las piezas encajan.

–El mayor acto proselitista de Colosio —deslicé en alguna ocasión— fue su propia muerte.

Y el gran beneficiario, claro, resultó Ernesto Zedillo, el candidato anodino cuya campaña fue la más breve de cuantas se han dado, quien captó 17 millones de sufragios. Ningún otro mexicano ha sido tan favorecido por los electores, ni siquiera el muy popular Vicente Fox que colectó sólo 15 millones en julio de 2000.

95

Alfonso Durazo Montaño, secretario privado de Fox Quesada —tuvo la misma función a la vera de Colosio hasta la muerte de éste—, trata de convencerme sobre las bondades del nuevo régimen, el de la primera alternancia:

—Quizá algunos esperaban un cambio drástico —me dice. Pero si se hubiese dado las reacciones habrían sido igualmente violentas y drásticas.

Sin embargo, las contradicciones son extremas. En cuanto a los impuestos, por ejemplo: el candidato Fox insistió, para ganar el debate entre aspirantes a la primera magistratura, que no habría alzas tributarias bajo un gobierno encabezado por él; el presidente Fox, sin embargo, se convirtió en una especie de cruzado a favor del IVA sobre alimentos, medicinas y libros, alegando que es el único recurso "para evitar la catástrofe" de un mayor endeudamiento público.

—Sí, queríamos un cambio drástico —comentó el politólogo Jaime González Graff con referencia a la cita de Durazo Montaño. Si no se da pronto, la frustración será inmensa. (González Graff, enfermo de cáncer, murió unas semanas después de nuestro último encuentro, en mayo de 2001, en ocasión de la "mesa política" de *Monitor* sobre el primer informe "trimestral" [lo fue semestral] del presidente Fox.)

Desde luego, navegar entre dos aguas es siempre riesgoso. Máxime cuando tantos le apuestan al naufragio para intentar una tardía redención. Incluso quienes parecen ir en el mismo barco tienen posturas divergentes en cuanto a los escenarios del presente. Hank, motor del salinismo en buena medida, insistió noventa días antes de morir en que los signos eran favorables a Fox; otros veteranos, como cuantos sostienen a la cúpula priísta tras el fracaso electoral, entre ellos el poblano Manuel Bartlett y el cacique de la península de Yucatán Víctor Cervera Pacheco, se muestran intransigentes ante la figura del presidente de origen panista:

—Fox va bien —recalcó Hank el 11 de mayo de 2001. Lo de Chiapas, a pesar de la resistencia del subcomandante Marcos, no le salió del todo mal. Y en Yucatán, por ejemplo, ya menguó la furia de

Víctor —Cervera Pacheco, el Balo—, para dar cauce a las decisiones de la Suprema Corte de Justicia —esto con relación a la disputa entre el gobernador, el congreso y el Tribunal Electoral del Poder Judicial Federal en torno a la legitimidad de consejeros e instancias comiciales durante los primeros meses del mismo año.

Como si hubiese hablado de un aliado... aunque sólo reconocía haber saludado dos veces a Fox. El contraste es extremo y define la perspectiva nacional, si bien en los escenarios en donde se manifiesta el verdadero poder, la caída del PRI, del "muro mexicano" como señalaron en Europa, se dio tersa, tranquilamente, sin sobresaltos bursátiles ni pánico entre los antiguos financieros socios del viejo régimen quienes, por supuesto, tuvieron seis años para adaptarse a los nuevos tiempos "democráticos", el objetivo central de Columbus Group, tras el sacrificio de Colosio.

Monseñor Girolamo Prigione, el nuncio que logró no sólo la reanudación de relaciones diplomáticas entre México y el Vaticano, sino además la reforma que dio personalidad jurídica a las iglesias y las rescató de la clandestinidad en 1993, el mismo año en que fue asesinado el cardenal Juan Jesús Posadas Ocampo en Guadalajara, solía referirse a la filosofía oficial:

–Manuel Bartlett me repetía: "Primero el hecho, después el derecho". No lo comprendí hasta conocer, a fondo, a los mexicanos.

–¿Y cómo somos, excelencia?

–Hasta los mayores adversarios se entienden con una buena sobremesa...

Las cosas fueron acomodándose de acuerdo con un plan excepcionalmente trazado por el papa Juan Pablo II: primero, el acercamiento; después, la identificación con beneficios políticos mutuos. Una apuesta triunfadora que Carlos Salinas aprovechó.

Tiempo después, en marzo de 1998, el sucesor de Prigione, Justo Mullor, quien fuese obispo de la Mérida extremeña, me confió:

–Nada deseo más que se concilie el alma de México.

Hizo cuanto pudo extendiendo afectos entre los representan-

97

tes del poder económico. Una tarde lo encontré en Texcoco, a uno cuantos kilómetros de la capital del país. Iba tocado con un sombrero de palma que lucía su nombre bordado por las manos mágicas de nuestros artesanos y en compañía de Juan Diego Gutiérrez Cortina, acaudalado personaje y uno de los mayores socios de la constructora GUTSA.

–¿Usted es de los que me critican? —cuestionó a manera de saludo.

–No, monseñor. Nada más analizo cuanto usted me ha dicho. Antes los jerarcas religiosos no hablaban, ni se mostraban en público con sus amigos, ni asistían a las corridas de toros.

–Los tiempos han cambiado, ¿no es así?

Y Fernando Gutiérrez Barrios, la leyenda a la que el salinismo pretendió destruir, resumió entonces su disgusto a la vista de la andanada de opiniones por parte de "los curas":

–¿No se lo dije a usted? Los hechos han venido a confirmar que yo tenía razón: no debió prosperar la reforma en pro del clero. Ahora no habrá quien pueda pararlo.

–¿Usted se opuso, don Fernando? (Cuando se dio la iniciativa referida Gutiérrez Barrios despachaba como secretario de Gobernación.)

–Por supuesto. Pero Salinas tenía otro propósito. No me escuchó.

Para aquel mandatario, pleno en el ejercicio del poder, la ocasión del encuentro con las jerarquías eclesiásticas en Los Pinos fue como si éstas lo santificaran. Volvióse intocable a punto tal que a la hora de la inevitable satanización de fin de sexenio, con la crisis que atormentaba a las mayorías, y la barbarie que salpicaba los rostros de los grandes operadores políticos, quienes más lo defendieron fueron los religiosos. Prigione dijo:

–Con él fue con quien mejor me entendí entre los mexicanos.

Y eso que seis años atrás, cuando se disputaba la sucesión de Miguel de la Madrid, al propio Prigione, entonces delegado apostólico, le preocupaba un síntoma:

–Es el único de los precandidatos presidenciales que jamás me ha visitado.

Pero lo hizo al poco tiempo, y catapultó simpatías al solicitar la intervención del alto clero en pos de la renegociación de la deuda externa. Los obispos mexicanos, motivados, recurrieron a los de Estados Unidos y éstos, convencidos, asumieron la defensa de los deudores continentales con un discurso similar al que Fidel Castro, alguna vez llamado el Nazareno del Caribe, exaltó antes:

–La deuda de los pueblos del tercer mundo es inmoral y debe ser condonada.

Entonces, los financieros se rasgaron las vestiduras. Pero a la voz de los purpurados de la Iglesia el tono cambió y el horizonte fue otro. El propio Salinas, ya instalado en la primera magistratura, habría de anunciar, jubiloso, el éxito de las negociaciones. Un alivio, cuando menos, para el erario en manos del neoliberalismo.

Desde siempre, los financieros y los líderes espirituales marcaron el derrotero. Mario Moya Palencia, secretario de Gobernación durante el régimen de Luis Echeverría (1970-1976), sugirió:

–Don Antonio Ortiz Mena, quien fue secretario de Hacienda durante los periodos de Adolfo López Mateos y Gustavo Díaz Ordaz —esto es de 1958 a 1970— hasta que optó por la presidencia del Banco Interamericano de Desarrollo (BID), decidido a preservar la visión integrista del país, fundó un grupo cuya influencia se mantiene hasta nuestros días. Le llamó Manto Sagrado.

Ha llegado a suponerse que el "conjuro" pudo tener algún nexo con los crímenes políticos de 1994, en pleno ajuste de cuentas. Lo evidente, eso sí, es que las vendettas han señalado los derroteros en cada fase sexenal. Salvo ahora cuando la apuesta parece ser otra:

–Si a Fox le va bien, a todos nos irá igual —sentenció Hank en su rancho Don Catarino. Y entendí, por supuesto, que la senda del oro negro, el destino de los detentadores del verdadero poder y los intereses cupulares, sostenidos a lo largo de la hegemonía priísta, no confrontaban, por el momento, riesgo alguno.

Bendición apostólica

–¿Hoy es viernes primero de mes? El patrón tiene que comulgar.

Justo Mullor García, nuncio apostólico en México de 1997 a 2000, llega puntual a la cita. Es una costumbre devota que, según explican las jerarquías, enaltece al espíritu y lo libra de las tentaciones. Y Víctor García Lizama, yucateco con medio siglo sobre sus espaldas, se apresta a cumplir el rito. Que todos lo vean, además, porque, de un tiempo a la fecha, en México nadie se oculta para profesar la fe católica.

–"El cuerpo de Cristo..." —recita el nuncio.

García Lizama, presidente de la Junta de Asistencia Privada desde 1992 —el privilegio cesó oficialmente en 1998—, con los ojos entrecerrados recibe la sagrada forma en sus oficinas, la sede del altruismo nacional, cuya aureola se proyecta a todos los niveles de gobierno y a los apretados círculos del verdadero poder.

–Nos veremos el próximo miércoles —despide "don Víctor" a su invitado. Es nuestro día de retiro.

Lo mismo que para recibir la Eucaristía, fundamento del catolicismo por el milagro de la transubstanciación, el "patrón" no pierde la ocasión para convivir con otros matrimonios, muy bien seleccionados, dispuestos al recogimiento espiritual que sirve para alejar las tentaciones mundanas. Tal es el sustento, si bien no todas las mentes son plenas ni todos los corazones puros.

En otros tiempos, García Lizama, priísta irredento, albergó la ilusión de llegar a la cúspide y aceptó, por ende, la invitación de Gra-

103

ciliano Alpuche Pinzón, general retirado y gobernador de Yucatán de 1982 a 1984, para encabezar la Secretaría General de Gobierno. Y rápido hizo migas. Por su intercesión, las familias libanesas ligadas a la lotería clandestina, "la bolita", accedieron al despacho del general Alpuche, recién instalado en el palacio de gobierno:

–Queremos que nos gobierne tranquilos —le dijo Nicolás Xacur, heredero del emporio de las apuestas callejeras. Le rogamos que acepte esta casa. Ya hemos hablado con don Víctor.

El militar, acostumbrado al rigor de las malas épocas, se conmovió hasta las lágrimas. Delante tenía una mansión ubicada en una de las mejores zonas residenciales de Mérida, precisamente en la avenida principal de la colonia México. Varias hectáreas urbanas rebosantes de árboles frutales y de la exuberante vegetación peninsular.

–Gracias, mis amigos. No los defraudaré.

Pero, al final de cuentas, lo hizo. El sexenio del general se redujo a dos años porque, tibio y poco versado en materia política, fue víctima de la agitación del siempre inquieto legislador Víctor Cervera Pacheco, quien habría de sustituirlo para instalar un cacicazgo en Yucatán. García Lizama, por las dudas, voló un año antes, aun cuando con él se fueron los momios de los "boliteros" y las ilusiones del sector clerical posesionado de la sociedad emeritense.

–Pero supo cubrirse las espaldas —me explica un colega. Su hermano Martín también ocupó la Secretaría de Gobierno en Yucatán, sustituyéndolo, y José Augusto, el menor de los tres, conquistó una diputación federal bajo el emblema del Partido Demócrata Mexicano, con raíces del viejo sinarquismo, cuando la eclosión de fanatismos condujo al país a la Cristiada.

Fue una época amarga. Las obsesiones, en pro y en contra del alto clero católico, se enfrentaron sin piedad y dieron cauce a matanzas sin sentido, brutales, para partir en dos, como ahora dicen poéticamente los intérpretes de la historia, el alma de México. Los efectos, claro, fueron políticos, y a los mismos les apostó, desde siempre, la familia García Lizama.

–¿Hubo nepotismo en la Junta de Asistencia Privada? —pregunto a un excolaborador de la misma, el publirrelacionista Gabriel Rico Valera.

–¿Cuántas pruebas requieres? —responde. No tengo duda alguna. ¿Sabías que durante los años de 1997 y 1998, tres de los familiares de "don Víctor" recibieron, globalmente, 17 por ciento de todas las donaciones de la Junta? Hablamos de 82 millones de pesos.

Fernando García Ruiz, hijo de García Lizama, controló en la época de oro, nada menos, cinco patronatos de las Instituciones de Asistencia Privada; en la mayor parte de los mismos, para evadir a la nueva ley de la materia en el Distrito Federal, sustrajo documentos y se refugió en la figura de la "suspensión jurídica" para evitar entregarlos. Más vale no dar explicación alguna.

Y Teresa, hermana mayor del primero, es de armas tomar. Fundó un órgano informativo, *Somos Hermanos*, financiado con las aportaciones de la Junta de Asistencia Privada, esto es, con los donativos, aseverando enarbolar el pendón del altruismo. Ahora la mencionada publicación se difunde como un encarte de los diarios del Grupo Reforma para ampliar la cobertura.

Fue Teresa García Ruiz quien, furibunda, amenazó con denunciar a un reportero por detallar las desviaciones de los óbolos a través del programa *Detrás de la Noticia* bajo la conducción del periodista Ricardo Rocha. La joven heredera llamó a los administradores del Grupo ACIR, en donde se transmitía entonces el citado noticiario, para amenazarlos:

–¿Cómo se atreven? ¿Qué no saben que la Junta subvenciona a su estación con un millón de pesos mensuales? Si no se retractan, ¡romperemos nuestros convenios comerciales! —espetó la impulsiva señora.

Pero no procedió, prudentemente, para evitar querellas jurídicas y, sobre todo, la posibilidad de ser exhibida. Tal es el sustento de una larga lista de calamidades con bendición apostólica. Duele decirlo, pero duele más callarlo.

A finales de 1993, al tiempo que se fraguaba el imperio de García Lizama, durante una charla en Nuevo Laredo, una dama me soltó a bocajarro:

–¿Por qué no habla de los malos vínculos de la Iglesia?

El auditorio guardó un silencio expectante. Pocas veces he meditado con mayor profundidad antes de dar una respuesta. Me animé finalmente y solté:

–En algo, señora, debemos de creer. Sí, soy católico. Y hay cosas que es mejor guardar dentro de uno para evitar malsanos desbordamientos de odio.

–Pero ¿usted conoce a quienes están detrás del asesinato del cardenal Juan Jesús Posadas Ocampo?

–Estoy enterado de algunas versiones, sí. Pero nada que me permita llegar a conclusiones definitivas.

Semanas después, en la nunciatura apostólica, monseñor Girolamo Prigione abundó sobre el tema:

–La versión que más me satisface es la oficial —sentenció. Cuando alguna otra me convenza, lo haré saber.

Y con la historia del "fuego cruzado" en el aeropuerto de Guadalajara —24 de mayo de 1993—, se dieron por concluidas las averiguaciones, aun cuando los presuntos responsables, los cabecillas de los cárteles de Sinaloa, Joaquín el Chapo Guzmán, y de Tijuana, los hermanos Arellano Félix, han seguido haciendo de las suyas.

–¿Te digo quién fue uno de los grandes beneficiarios del altruismo de García Lizama? —pregunta Rico Valera y él mismo responde—: el padre Alberto Athié Gallo.

–Es jesuita ¿verdad?

–Sí. Y también fungió como secretario ejecutivo de la Comisión Episcopal para la Paz y la Reconciliación en Chiapas. El donativo fue de 2 millones de pesos que sirvió para la compra de una casa. Tú bien sabes que la orden jesuita ha tenido una gran influencia en la zona del conflicto.

Tal ha sido, desde luego, un punto a discusión, si bien, como ya difundimos, los distintos representantes del Vaticano en México, sobre todo Prigione y Justo Mullor, han concluido que la intervención de algunos religiosos en la insurrección de Las Cañadas no fue sólo para difundir el catecismo. Prigione me dijo:

–Samuel Ruiz García —el obispo de San Cristóbal de las Casas, a quien llaman el Tatich— es parte activa del conflicto.

Y fue Ruiz García quien dio cobijo y proyección a Athié Gallo en la escena convulsa de la rebelión. Pero nada se dice de los financiamientos políticos... ni de los altruistas. En este sentido sí opera la discreción.

García Lizama, por cierto, se decía protegido de Manuel Camacho Solís, exregente de la ciudad de México y primer comisionado gubernamental para la paz en Chiapas, amén de ser uno de los señalados como posible enlace económico de los alzados. La sospecha en el sentido de que a través de la extinta empresa Ruta 100 —concesionaria durante el régimen de Carlos Salinas y bajo la férula de Camacho, del transporte urbano en la capital de la República—, se enviaron fondos importantes para alimentar las células guerrilleras, jamás fue motivo de una investigación formal ni, mucho menos, dio lugar a desenlaces definitorios.

Pero Camacho, conocedor del medio, exclamó respecto a "don Víctor":

–Nada tengo que ver con ese cabrón...

Pero algo hubo, pues a principios de 1997 García Lizama fue denunciado por Eugenio Joel Torres, secretario del Sindicato de Empleados y Trabajadores del Nacional Monte de Piedad:

–Nuestra casa de empeños —subrayó el dirigente— sirve como "caja chica" del Departamento del Distrito Federal, y del regente Manuel Camacho Solís.

Fue evidente, eso sí, que este funcionario y su hermano, el doctor Rafael Camacho, hicieron valer a Víctor García y le unieron a Enrique González Torres, jesuita y rector de la Universidad Iberoamericana, cuya fuerza espiritual proveyó a García Lizama de la suya.

(Por cierto, el rector Enrique González Torres cumplió una misión, muy privada y muy significativa, minutos antes de que contrajeran nupcias civiles Vicente Fox y Martha Sahagún casi en la madrugada del 2 de julio de 2001. A falta de la venia del clero formal, él impartió a los novios una bendición especial.)

–La familia González Torres es una de las grandes beneficiarias del gran negocio altruista. Intervino directamente, nada menos, en treinta y dos de las Instituciones de Asistencia Privada autorizadas por García Lizama.

Los González Torres tienen vínculos políticos y sociales de la mayor importancia. Javier es dueño de las farmacias El Fénix; Víctor, cuenta con Farmacias y Similares, para cubrir todo el mercado de la enfermedad; y Jorge fundó un partido, de corte familiar: el Verde Ecologista de México (PVEM), cuyo mayor acierto fue aliarse con Acción Nacional para impulsar la candidatura de Vicente Fox en 1999. (Luego rompería con él, justo el día del primer informe de gobierno, en septiembre de 2001.)

–El hijo del fundador del PVEM —nos explica un informante—, senador de la República llamado el Niño Verde por su insuficiencia mental, es a su vez nieto de Emilio Martínez Manatou, exsecretario de la presidencia durante el periodo de Gustavo Díaz Ordaz y exgobernador de Tamaulipas, numen del cártel del Golfo.

Martínez Manatou aspiró a la presidencia de la República para suceder a Díaz Ordaz si bien fue rebasado por el entonces titular de Gobernación, Luis Echeverría, sobre la sangre derramada en Tlatelolco el 2 de octubre de 1968. El episodio brutal de la Plaza de las Tres Culturas sirvió para desacreditar al primero y enaltecer, ante los ojos de su jefe, a Echeverría. El engaño, a más de tres décadas de la tragedia, se revirtió ya contra éste.

En fin, González Torres integra la Fundación de Apoyo a la Comunidad (FAC) en donde se inventan los célebres "swaps" que pretendieron amortizar la carga a miles de deudores asfixiados y no hicieron sino comprometerlos de por vida dentro de una interminable secuencia de pagos. Todo ello con el consenso, el aval y el estímulo de dos presidentes: Carlos Salinas y Ernesto Zedillo Ponce de León.

–Importantes organizaciones religiosas —continúa nuestra fuente—, supieron nutrirse de la caridad: los Legionarios de Cristo y el Opus Dei.

Los Legionarios, por ejemplo, a través de José Ignacio Ávalos, funcionario de la Secretaría de Desarrollo Social durante la administración de Zedillo, y de Fernando Landeros Verdugo, hijo del exgobernador de Aguascalientes, Rodolfo Landeros, inventaron, a iniciativa de Luisa Azcárraga, prima hermana de Emilio, el heredero imparable de Televisa, uno de los mayores consorcios privados del país, el Teletón, esto es, el maratón televisivo para reunir fondos en pro de los niños discapacitados.

–García Lizama, como presidente de la Junta de Asistencia Privada, se sumó al evento y aportó 48 millones de pesos, mismos que le facilitaron su entrada al espectacular patronato del Teletón.

–Un negocio redondo, claro.

–Y con proyección a las familias de alcurnia. Ávalos es heredero de la empresa Herdez, especializada en enlatar frutas y verduras y líder en su ramo.

Hacia la poderosa Opus Dei también se establecieron férreos nexos mediando la intervención de Carlos Llano Cifuentes, fundador del Instituto de Planeación, Administración y Desarrollo (IPAD). Llano, a su vez, se convirtió en presidente del patronato del Monte Pío Luz Saviñón para cerrar el círculo. García Lizama, sin mayores explicaciones, lo designó a él y despidió a quien había dirigido a la institución, Benjamín Trillo.

–Por lo visto no deja cabos sueltos.

–Ni uno solo. Todo lo controla, todo le reditúa.

La transición del altruismo oficial, antes dentro de la estructura gubernamental, hacia las organizaciones privadas, ocurrió gracias a una iniciativa de Carlos Salinas quien también habría de intervenir, de manera decisiva, en la reforma constitucional al artículo 130 que otorgó reconocimiento jurídico a las iglesias. Quien dio forma al proyecto fue, claro, el entonces regente de la ciudad de México, Manuel Camacho Solís, por recomendación de Gonzalo Moctezuma Barragán, miembro de una distinguida familia unida al clero... y a la política.

—Casi todos los hermanos Moctezuma son relevantes —me confía uno de sus antiguos condiscípulos. Esteban alcanzó la celebridad de la mano de Ernesto Zedillo, quien le hizo su favorito y lo designó secretario de Gobernación en diciembre de 1994. Pablo, luchador social, fue designado delegado de Azcapotzalco en cuanto ascendió el ingeniero Cuauhtémoc Cárdenas Solórzano a la jefatura de gobierno del Distrito Federal. Otro de ellos es sacerdote y Javier, antiguo colaborador de Manuel Bartlett Díaz cuando éste fue gobernador de Puebla, es hoy, bajo la administración de Vicente Fox, el encargado de los asuntos religiosos en la Secretaría de Gobernación.

—Caramba, no es poca cosa a nivel familiar.

—En ese contexto Gonzalo se convirtió en asesor de la Junta de Asistencia Privada, cuyo nacimiento él mismo ideó para servir a su jefe Camacho, al tiempo de que García Lizama ascendió a la presidencia del mismo organismo.

Posteriormente la Junta daría cauce a la fundación de las Instituciones de Asistencia Privada, con García Lizama al frente del patronato. Un cacicazgo insondable al amparo de las interrelaciones entre el alto clero y los conductores políticos.

—Una de las primeras cosas que se financiaron —revela Gabriel Rico Valera— fue la edición de un libro cuyo autor es, nada menos, Justo Mullor, el exnuncio apostólico y con quien "don Víctor" mantuvo relaciones de primer orden. Luego Mullor le pagaría el favor.

Durante la gestión de García se crearon doscientas treinta y cinco Instituciones de Asistencia Privada distribuidas, "estratégicamente", entre un cerrado círculo de incondicionales: la familia González Torres; Fernando García Ruiz, el hijo de García Lizama; la familia Jorba Servitje, ligada a la empresa Bimbo, la mayor en el rubro de pa-

110

nadería empaquetada; Emilio Azcárraga Jean, presidente de Televisa; Fernando Landeros Verdugo, hijo del exgobernador de Aguascalientes Rodolfo Landeros; el padre Alberto Manuel Athié Gallo, jesuita vinculado con Chiapas; y los cardenales Ernesto Corripio Ahumada y Norberto Rivera Carrera.

Rivera, arzobispo primado de México, acabó por integrar un grupo opositor a García Lizama y se le escuchó decir:

–El "Víctor" está enojado conmigo y ya ni siquiera me da donativos.

Quizá la amarga sentencia se debió a que el cardenal Rivera Carrera no rompió relaciones ni contactos con el nuevo gobierno del Distrito Federal bajo el signo del PRD, de corte izquierdista, pero con estrechas líneas con un importante sector de las jerarquías eclesiásticas. Incluso en las vísperas de la fundación del PRD en 1989 y en casa de Graco Ramírez, uno de los ideólogos, se estableció una línea prioritaria:

–Fundemos la corriente cristiana —sugirió el doctor Samuel del Villar, abogado y otrora responsable del Programa de Renovación Moral de la Sociedad, lanzado por Miguel de la Madrid. Luego sería designado procurador de Justicia del Distrito Federal bajo el gobierno de Cuauhtémoc Cárdenas. Hagámoslo para ampliar la convocatoria del nuevo partido.

–¿No será contradictorio? —le pregunté.

–No, mientras tengamos una plataforma común para el despegue. Luego vendrán los acomodos.

Y bien sabía lo que hablaba Del Villar, miembro de una familia de abolengo católico —su madre es muy devota— y hombre cortado a la medida de la oportunidad. Del mismo modo, desde la Junta de Asistencia Privada, se ampliaron coberturas y estrategias:

–El colmo fue —continúa Rico Valero— que los encargados de auditar a la Junta, Rafael Lebrija y Manuel Marrón González, son íntimos amigos de García Lizama, el "auditado".

–No había espacios para pedirle cuentas.

111

–Y más aún: tanto Lebrija como Marrón se vincularon con el Instituto Mexicano de la Doctrina Social Cristiana del que forman parte Lorenzo Servitje, de Bimbo; Bernardo Quintana, de la poderosa constructora ICA y uno de los fundadores de la Confederación Patronal de México (COPARMEX); y los hermanos Carlos y Salvador Abascal Carranza, el primero designado por Fox en diciembre de 2000 como titular de la Secretaría del Trabajo, y el segundo, miembro de la bancada de Acción Nacional en la Asamblea Legislativa del Distrito Federal.

Una familia feliz. Quizá por ello no prosperan las denuncias contra García Lizama, cubiertas sus espaldas como están por personajes de indiscutible influencia. Recuérdese que Carlos Abascal, nada menos, fue quien fustigó, a mediados de abril de 2001, a la maestra Georgina Rábago por el terrible pecado de recomendar a sus alumnas, del Instituto Félix de Jesús Rougier, entre ellas Luz Abascal, hija de Carlos, las "incendiarias" lecturas *Doce cuentos peregrinos* de Gabriel García Márquez, y, sobre todo, *Aura* de Carlos Fuentes. Y Abascal, como titular del Trabajo, mide y controla a la Junta de Conciliación y Arbitraje en donde deben ventilarse las afrentas contra los trabajadores. Sin resquicios.

–El Instituto Mexicano de la Doctrina Social Cristiana —continúa Rico Valera— cuenta, por supuesto, con una Institución de Asistencia Privada, denominada Alfonso XIII. Y tiene nexos profundos con la escuela Jesús García Figueroa, bautizada así en honor del padre de García Lizama.

–Una especie de club de homenajes mutuos.

–Que se reúne periódicamente en el hotel Camino Real, de la ciudad de México o en el Centro Asturiano. Las cuentas son espléndidas.

La generosidad del grupo no tiene límites. Por ejemplo, con base en el interés social que dicen perseguir, supieron favorecer a la familia Paletti, uno de cuyos miembros se desempeñaba como director financiero de la Junta:

–Y para que no hubiera duda de su objetivo —acusa Rico— estimularon, promovieron y sostuvieron, con donativos altruistas, a la compañía Paletti Títeres.

El concepto gregario salta a la vista. Está metido hasta las entrañas de los grandes protagonistas de esta historia. Veamos:

a) Teresa García Ruiz, la hija, administra dos instituciones: Fundación para la Promoción del Altruismo, y Anunciación que recibieron del Nacional Monte de Piedad, entre 1997 y 1998, 14 millones 755 mil pesos.

b) Fernando García Ruiz, el hijo, es patrono único de la Fundación Jesús García Figueroa, el nombre de su abuelo, beneficiaria en el mismo lapso de 4 millones 67 mil pesos. Además maneja otro organismo caritativo, Servicios Funerarios San José, y es patrono de la Fundación Teletón a la que el Monte de Piedad aportó 48 millones de pesos en una sola transmisión con cobertura nacional en 1997.

c) La señora Lobina Lovera Gracida, madre del licenciado Alan de la Torre, presidente del Monte de Piedad a la vera de García Lizama, y directora de la Fundación para la Promoción Humana recibió "apoyos" por 15 millones de pesos.

d) Ignacio Ávalos Hernández, compañero de banca y amigo personal de Fernando García, intervino en seis instituciones al tiempo que conquistaba la presidencia de la asociación del Montepío. Y también manejó, sin limitaciones, el programa Compartamos al que se enviaron, por la misma vía, 2 millones 700 mil pesos.

En sólo nueve organismos, bajo la influencia directa de la familia García Lizama, se ejerció el doble de lo destinado a otras 312 instituciones, un dato de por sí revelador de los intereses, las prioridades y el modus operandi del "padrino" de la caridad.

113

—¿Por qué no pasó por aduanas —se preguntó el reportero de *Detrás de la Noticia*— la ropa hecha en Estados Unidos y vendida en un bazar a favor del programa Compartamos?

La respuesta es muy sencilla: fue transportada, con la venia de "alguien" muy poderoso, en el avión privado de Carlos Hank Rhon, el hijo del célebre "maestro de Tianguistenco", y otro de los grandes benefactores de los García Lizama y su obra; un personaje, además, bajo sospecha de la inefable Agencia Antinarcóticos de Estados Unidos, es decir, la DEA, por sus siglas en inglés.

—¿"Don Víctor" tiene conexiones con el narcotráfico? —le pregunté a uno de los antiguos colaboradores de éste.

—Es lo que se dice "un secreto a voces".

Hablemos de buenos negocios con bendición apostólica, como la tiene la caridad de "don Víctor". No hace mucho, el veterano Jorge Martínez y Gómez del Campo, casi octogenario, escrituró como parte de su herencia un edificio, de doce pisos, sito en la calle de Guanajuato, en la ciudad de México.

—Lo único malo —me informan— es que se trata de una de las sedes de la curia que ésta, para evadir la malsana curiosidad pública, había ocultado bajo un prestanombres, el señor Martínez, quien cobró mucho.

Y por testamento la propiedad del inmueble, con valor de varios millones de dólares, pasará a la sucesión de Martínez y Gómez del Campo, el hombre de confianza de la curia que, al final, se quedó con todo el pastel aun con la intervención del obispo Luis Reynoso, de Cuernavaca, cuyos conocimientos de derecho le permiten asesorar al Episcopado en la materia.

—Pero hay algo más. El abogado de la curia es, nada menos, José Antonio Roncalli.

—Me suena el apellido. ¡Claro! ¡Alberto Roncalli a quien conocemos como Juan XXIII!

114

−Exacto. Es sobrino de aquel papa vanguardista que convocó al Concilio Ecuménico Vaticano II en la década de los sesenta. Él vive en México y se precia de una función excepcional.

−No me dejes con la curiosidad.

−Es especialista en divorcios de carácter religioso.

−Me hablas de un imposible. Si acaso lo que existe son las anulaciones matrimoniales en casos muy específicos.

−No tanto. Te cuestan 12 mil dólares... y las gestiones se realizan ante el secretario del Vaticano, Angelo Sodano, salvo cuando los interesados son jefes de Estado. Si es así sólo el sumo pontífice puede intervenir.

A veces, hay otros gestores. El padre Marcial Maciel, fundador de los Legionarios de Cristo, fue el mayor interesado en salvar el matrimonio católico del presidente Vicente Fox Quesada.

−Lilián de la Concha, con quien se casó Fox —alegó, en su momento, nuestro informante—, estuvo empeñada en recuperar su sitio al lado de éste. Y recurrió al padre Maciel.

Todo ello es poco claro porque la señora De la Concha fue quien, en todo momento, optó por la separación, e incluso, según abundantes testimonios, mortificaba a don Vicente exhibiéndose al lado de una nueva pareja, un sujeto joven y fachoso, antiguo miembro de la escolta personal de su "ex", con quien se hacía ver durante algunos actos proselitistas a lo largo de la campaña de don Vicente por la gubernatura de Guanajuato, en 1995.

−No tuvieron hijos, además. Y esto juega en contra de Lilián porque el tenerlos es un obstáculo, casi siempre insalvable, cuando se pretende deshacer el vínculo religioso.

Y en la otra esquina... los llamados "carismáticos", uno de cuyos mayores guías, el obispo de Ecatepec, Onésimo Cepeda, quien en sus mocedades fue boxeador y torero, también artista, y hasta muy enamoradizo según cuentan sus amigos con buena dosis de jocosidad, optó por jugar la carta contraria:

−Don Onésimo ya logró la anulación del matrimonio religio-

115

so de Martha Sahagún —la exvocera presidencial quien ahora es "primera dama"— aun cuando hay descendencia de por medio. Y lo mismo podría hacer con el del señor Fox... aunque las resistencias de sus hijos adoptivos, sobre todo de la mayor, Ana Cristina, siguen siendo tremendas.

Todo se puede cuando hay recursos y poder. Eduardo García Valseca, hijo del legendario coronel José García Valseca, fundador de la mayor cadena de periódicos de Latinoamérica y perseguido después por tres mandatarios, me cuenta:

—Una vez viajé con monseñor Girolamo Prigione —el primer nuncio tras la reanudación de relaciones entre México y el Vaticano. Fue por casualidad. Él le había solicitado al empresario Alfonso Romo, de Monterrey, su avión privado, y a mí me invitaron a última hora.

—Espero que te hayas ilustrado...

—Lo que me sorprendió fue el equipaje de monseñor. ¡Se había ido de "shopping" a El Paso, Texas, y había adquirido de todo! Traía casimires ingleses y zapatos de marca, de muy alto valor. Me quedé asombrado. Ya entiendo por qué a los altos jerarcas católicos les llaman "príncipes de la Iglesia".

Con Prigione dialogué, en su momento, sobre el asesinato a mansalva del cardenal Juan Jesús Posadas Ocampo en Guadalajara. Se mencionaba entonces que éste había remodelado la sede del arzobispado en la capital de Jalisco con una millonaria inversión.

—No sé por qué se sorprenden tanto —alegó Prigione. El antecesor de Posadas, el también cardenal José Salazar López —quien estuvo al frente de la arquidiócesis de Guadalajara de 1970 a 1987—, vivía en un departamento apretado, oscuro. Y eso no debe ser. Un cardenal debe habitar con dignidad por la alta representación que ostenta.

—Pero, excelencia, Posadas también tenía carros de lujo —cuando fue acribillado transitaba en un Grand Marquis—, y otros bienes importantes.

—El automóvil se lo regalaban, cada año, en la distribuidora de

116

General Motors. Lo demás es parte de un escenario correcto. No olvide que un cardenal recibe a personalidades de muy alto nivel. Es también un diplomático.

Quien mejor puede saberlo, en la cima del poder eclesiástico, es Paul Marcinkus, el célebre arzobispo implicado en la quiebra del Banco Ambrosiano, en donde operan las finanzas de la Santa Sede, y en la "desaparición" de 1.3 billones de dólares. Pese a que el 25 de febrero de 1987 los magistrados de Milán extendieron órdenes de aprehensión en contra suya y de dos colegas del Banco Vaticano, el arzobispo siguió en sus funciones al amparo del papa Juan Pablo II y dentro de los límites del pequeño Estado Vaticano.

–Marcinkus —me explica un abogado con conexiones hacia el interior de la curia mexicana— es, además de financiero, el gran guardaespaldas de su santidad. Más todavía después del atentado sufrido por el papa Wojtyla en mayo de 1981 en la explanada de la Basílica de San Pedro.

–¿Guardaespaldas? Me parece muy peyorativo el término.

–Pero como tal se desempeña. Cuando Juan Pablo II visitó México en 1990, tres años después del escándalo del Banco Ambrosiano, no se separaba de él. Y como es alto y fuerte puede esconder, debajo de las mangas de la sotana y sin hacer grandes aspavientos, sendas metralletas. No las suelta para nada mientras sigue los pasos del Papa.

Marcinkus, por supuesto, no actúa solo. En la misma ocasión contrató a un auxiliar con conocimiento de la geografía criminal de México: el capitán Armando Félix, el Sogocho.

–Lo nombraron jefe de seguridad del Papa durante la estadía de éste en suelo azteca. ¿Y sabes dónde laboraba antes? El capitán Félix fue jefe de ayudantes de Augusto Gómez Villanueva, el líder agrario que se hizo célebre a la sombra del expresidente Luis Echeverría, y de Fernando Gutiérrez Barrios, llamado el Policía Caballero incluso por sus adversarios —se cuenta que en la década de los cincuenta aprehendió a los jóvenes rebeldes Fidel Castro y Ernesto Che Guevara antes de que emprendieran su aventura en el *Granma* hacia Cuba.

117

Durante el gobierno de Gutiérrez Barrios en Veracruz (1986-1988), el capitán Félix se mantuvo a su lado si bien, en ocasiones, fue requerido para acompañar a algún visitante célebre como cuando permaneció en Cuernavaca el depuesto sha de Irán.

En las semanas previas a la segunda visita del papa Wojtyla a México, monseñor Girolamo Prigione solicitó los servicios de un experto en espionaje electrónico. Y lo encontró en el gobierno de Yucatán, cuyo titular entonces era el licenciado Víctor Manzanilla Schaffer:

–Nos urge —explicó Prigione— que revisen las instalaciones de la delegación apostólica —aún con esa denominación por aquellos días.

–Tengo al hombre —intervino Manzanilla. Se llama Henri Boldo y es oficial mayor de mi gobierno. Estuvo en Vietnam y fue quien descubrió los micrófonos que me había dejado mi antecesor, Víctor Cervera Pacheco, para monitorearme sin descanso.

Boldo llegó a la casa en cuestión, ubicada en la calle de Felipe Villanueva —llamada hoy Juan Pablo II por decreto del regente Manuel Camacho Solís tras el segundo periplo—, y no encontró ninguna evidencia comprometedora. Operó con un detector sofisticado capaz de reaccionar ante la mínima resonancia, incluso las de muy alta definición. Y entró incluso a la recámara en donde dormiría el pontífice. Todo ello con el mayor sigilo.

Años después, en enero de 1999, Juan Pablo II volvió a México, para efectuar un cuarto recorrido por nuestro país. Más débil físicamente, si se quiere, pero entero en cuanto a capacidad de escuchar, Wojtyla no dejó nada al azar. Mucho menos en cuestión de seguridad y en cuanto a las relaciones públicas. En el Autódromo Hermanos Rodríguez, ante más de un millón de entusiastas asistentes, el papa aceptó que la hija menor del entonces presidente Ernesto Zedillo se acercara a él para comulgar por primera vez.

–Y en la capilla de la nunciatura —concluye nuestra fuente—, una jovencita mereció el mismo tratamiento: la nieta de Víctor García Lizama, el hombre del altruismo redituable, recibió la sagrada forma de manos del sumo pontífice.

La madre de la criatura, Teresa García, divorciada en dos ocasiones y favorecida con sendas anulaciones religiosas, ya tiene nueva pareja: es productor de Televisa. Se llama Alberto del Bosque.

Una familia feliz con bendición apostólica.

Los cómplices

"Muchos líderes extranjeros —como el rey Hussein de Jordania, el arzobispo Makarios de Chipre, Luis Echeverría de México y Willy Brandt de Alemania Occidental— han sido señalados como beneficiarios de las nóminas de la CIA a través de los últimos años."

Con acceso a informes confidenciales y fuentes muy cercanas, el periodista estadunidense Jim Marrs concluye lo anterior en su libro *Crossfire* (*Fuego cruzado*), editado en 1989 por Caroll & Graf y que sirvió de fundamento para la película *JFK*, dirigida por Oliver Stone, sobre el asesinato del presidente John Fitzgerald Kennedy en noviembre de 1963. En la obra se plantea, además, que los dirigentes citados debieron aplicarse a tareas de desestabilización regional para servir a los intereses de la poderosa central de inteligencia estadunidense.

–Es indiscutible —aseveré en una reunión con jóvenes universitarios— que durante el periodo presidencial de Echeverría, de 1970 a 1976, surgieron en México grupos anarquistas de toda índole, organizaciones terroristas, como la Liga 23 de Septiembre, y movimientos guerrilleros, como el comandado en la sierra de Guerrero por Genaro Vázquez Rojas y Lucio Cabañas, quien fue compadre del propio expresidente. Y, como por encanto, la actividad subversiva cesó en cuanto don Luis se alejó de la primera magistratura. Misión cumplida.

Echeverría, por cierto, jamás se inconformó públicamente contra lo difundido por Marrs. Por el contrario, permaneció al cobijo de la impunidad que es extensión del presidencialismo autoritario. En su mansión de San Jerónimo, al sur de la ciudad de México, el expresidente disfruta de su concurrida audiencia. Lo visitan pintores y escultores, para venderle sus obras, arquitectos y diseñadores, en busca de financiamientos, y todavía una parvada de políticos, aves de sucio plumaje, listos para recibir lo que un exdirigente priísta, Gustavo Carvajal Moreno, calificó como "el beso del diablo"... cuando Echeverría ya no ocupaba la primera magistratura.

–Un político sin antesala no es político —solía sentenciar Alfonso Martínez Domínguez, quien fuera cesado por Echeverría como jefe del Departamento del Distrito Federal tras la matanza del Jueves de Corpus, el 10 de junio de 1971, apenas seis meses después de la toma de posesión del primer mandatario.

Es fama que Martínez Domínguez debió asumir la responsabilidad por la actuación del grupo paramilitar de los Halcones, financiados por el gobierno capitalino y ejecutores de la bárbara represión contra los estudiantes. Algunos acabaron siendo rematados en los hospitales. Sin embargo, fue Echeverría quien ordenó, directamente, la intervención de los mismos al tiempo que mantenía a Martínez frente a él, en el despacho presidencial, simplemente escuchando. Luego el mandatario le diría:

–Así es esto, Alfonso. Debo solicitarte este servicio excepcional, tu renuncia, para preservar el sistema.

–¿Puedo hablarle a mi amigo Echeverría y no al jefe de Estado? —preguntó don Alfonso. ¿Sin la banda presidencial?

–Adelante, Alfonso. Le hablas a tu amigo Luis...

–¡Ah, entonces puedo decirte que te vayas a chingar a tu madre!

Tiempo atrás, durante el mandato de Adolfo López Mateos (1958-1964), el secretario de Gobernación, Gustavo Díaz Ordaz, informó a Echeverría, entonces subsecretario de la dependencia:

–Echeverría, debo darle una noticia. Su cuñado, José Guadalu-

124

pe Zuno Arce, ha sido detenido por el ejército mexicano. Usted sabe muy bien que intervino en la agitación de los ferrocarrileros —a la revuelta se le llamó "el vallejazo" en honor a su principal promotor, Demetrio Vallejo.

–Hagan lo que quieran con él. No voy a meter las manos.

Los Zuno Arce, aposentados en Jalisco, tuvieron una inquieta juventud. Andrés, uno de los más revoltosos, fundó las Juventudes Juaristas, que luego se convertirían en el Frente Estudiantil Revolucionario, en 1970, con el cuñado en la antesala de la presidencia. El movimiento había logrado la integración de todas las grandes pandillas urbanas de Guadalajara.

–Se unieron —cuenta una fuente confidencial— las pandillas de San Andrés, de corte popular, la del centro del Santuario de Guadalupe y la Clavijero, de Chapalita. También la de la calle Tepic, formada por jóvenes de buena posición y comandada por José Luis Sierra, mejor conocido como el Perico.

Sierra, por cierto, es uno de los personajes centrales de la trama. Y se casó con la yucateca Dulce María Sauri, gobernadora interina de su entidad de 1991 a 1994 y luego, nada menos, dirigente nacional del PRI en el curso de la derrota de este partido en julio de 2000. Dulce y José Luis, durante años, sólo podían encontrarse durante las visitas conyugales en el penal de Monterrey, en donde el Perico permaneció recluido por el crimen contra el empresario Eugenio Garza Sada en septiembre de 1973.

Los matrimonios estratégicos fueron norma entre los jóvenes ambiciosos. El propio Echeverría, como muestra, pidió información, cuando muchacho, acerca de los contactos necesarios para conquistar el poder. Y se la dieron:

–Primero, debes entrar a la masonería. Ahí se controla todo.

–¿Y quién puede ser el conducto? —interrogó, ávido, el ambicioso joven.

–Don Guadalupe Zuno Hernández, exgobernador de Jalisco, es el Gran Maestro de la Gran Logia Occidental Mexicana.

–¿Y tiene hijas?

Fue así como Echeverría, pleno de ambiciones, llegó a visitar al patriarca de los Zuno, poderoso y fuerte, para expresarle un deseo:

–Quiero casarme con su hija María Esther.

–Bueno, ¿pero usted ya la conoce? —replicó Zuno Hernández.

–Primero quiero su autorización, maestro.

Y, desde luego, Echeverría subió el peldaño casándose con quien sería, de 1970 a 1976, la "primera dama" del país. Luego habría de sopesar las implicaciones con sus cuñados en la ruta hacia el poder. El mayor de los Zuno Arce, José Guadalupe, enfrentó con violencia a Carlos Ramírez Ladewig, líder de la Federación de Estudiantes de Guadalajara (FEG) y acabó quedándose en su lugar, y con buena parte del control político de Jalisco. La Universidad de Guadalajara quedó copada.

–La disputa fue tremenda y de ella surgió el Frente Estudiantil Revolucionario —me explica mi fuente. Con Zuno Arce como guía moral el grupo decidió pasar de las convocatorias a las armas, y recibió en el rancho familiar entrenamiento militar, más bien por parte de expertos en guerrillas, como preámbulo a la toma de la Casa del Estudiante.

En pleno fervor golpista los muchachos rebeldes lograron su objetivo y se apropiaron de la Casa, colindante con el Templo de Aranzazú en Guadalajara. Hicieron lo propio con la Escuela Politécnica y pretendían introducirse al campus de la universidad.

–Durante la balacera a las puertas del Politécnico murieron decenas de jóvenes, incluso Fernando Medina Lúa, quien en esos momentos presidía el Frente. A partir de entonces comenzó la barbarie por toda la entidad. Ya Echeverría era presidente electo.

El general José García Márquez, jefe de las Guardias Presidenciales durante el gobierno de Adolfo López Mateos (1958-1964), entonces al frente de la XV Zona Militar, fue el encargado de rescatar, a sangre y fuego, la Casa del Estudiante. Cumplida su misión, sin miramientos, ordenó derribar el edificio.

–Por cierto —continúa nuestra fuente—, el general García Márquez, tiempo después, intentó asesinar a Echeverría durante una gira de éste por Puerto Vallarta.

–¿Y cómo terminó el asunto?

–El general fue obligado a "suicidarse" en Guadalajara enfrente de la casa del general Marcelino García Barragán, el "salvador" de Gustavo Díaz Ordaz.

Los hermanos Zuno Arce, a pesar del parentesco con el presidente electo Echeverría, fueron puestos bajo cuidado y Andrés fue obligado a salir al extranjero. Fue entonces cuando apareció en escena, llegado de fuera, Arturo Salas Obregón, y con él surgió el Movimiento Estudiantil Profesional (MEP) para dar seguimiento a la "lucha" de los Zuno.

–Con el sacerdote jesuita Claude Favier, de origen francés, y otros tres religiosos más, Salas Obregón dio cauce al nacimiento de la célebre Liga 23 de Septiembre, con fines evidentemente desestabilizadores y en plena eclosión de la violencia, ya no sólo en Jalisco.

Los jesuitas y Salas Obregón, quien sería acribillado semanas más tarde, se atrincheraron en el Instituto Tecnológico de Monterrey y el presidente del consejo de esta institución, precisamente don Eugenio Garza Sada, expulsó a los sacerdotes y a los alumnos revoltosos.

–No sabía don Eugenio —sentencia mi informante— que con ello comenzaba a cavar su propia tumba.

Poco tiempo después, la 23 de Septiembre empezó a operar. Y uno de sus objetivos fue, claro, Carlos Ramírez Ladewig, a quien José Guadalupe Zuno Arce había disputado el liderazgo estudiantil.

–Ramírez, luego de la matanza del Politécnico, se retiró del liderazgo aunque mantuvo su autoridad moral. Llegó incluso a ocupar la delegación del Instituto Mexicano del Seguro Social en Jalisco y desde el cargo anunció que se alejaría del movimiento estudiantil, pero luego se retractó. Pocos días después murió asesinado.

Ramírez fue interceptado, en pleno centro de Guadalajara, en

127

la confluencia de la calle Alemania con la avenida de los Niños Héroes, y ahí mismo se le acribilló.

—Carlos era hijo de Margarito Ramírez, aquel viejo ferrocarrilero que se hizo célebre al fraguar la huida del general Álvaro Obregón, vestido como maquinista, de la ciudad de México, en la década de los veinte.

Tiempos turbulentos. Aunque no hay cifras, el cálculo dramático sobre la pérdida de vidas humanas a consecuencia de aquellas rencillas entre facciones de jóvenes adoctrinados a mansalva arroja casi cuatrocientas víctimas. Y poco, muy poco se ha escrito al respecto a diferencia del ominoso rastro de la matanza de Tlatelolco, el 2 de octubre de 1968, cuya responsabilidad histórica se adjudicó al expresidente Gustavo Díaz Ordaz al tiempo que se despejaba a Echeverría el camino hacia la primera magistratura.

—Los hermanos Zuno Arce asumieron los controles, desbordándose, en cuanto su cuñado se encaramó en la silla presidencial. José Guadalupe, instalado en Tuxpan, dio origen a las llamadas "Industrias del Pueblo" para mantener bajo su férula a cuarenta y dos municipios de Jalisco en todo el litoral del Pacífico. Y Rubén, el tercero, hizo de las suyas, traficó con nitrato de plata y tiempo después, terminada la administración echeverrista, fue confinado en Estados Unidos.

A Rubén se le instruyó causa criminal por su posible involucramiento en el asesinato del agente de la DEA, Enrique Camarena Salazar en febrero de 1985. Luego se le ligaría a presuntas actividades relacionadas con "lavado" de dinero a favor de los poderosos cárteles del narcotráfico. Permanece, hasta la fecha, en una prisión federal de alta seguridad, en Oklahoma.

—Durante las pesquisas —continúa mi fuente— en torno al asesinato de Camarena se estableció que éste fue llevado a una casa que había sido propiedad del viejo don Guadalupe Zuno y que heredó a su hijo Rubén. Después, Rubén la vendió a Rafael Caro Quintero, cabeza del cártel de Guadalajara, el primero de relevancia des-

cubierto en territorio mexicano, acusado y confinado por el caso Camarena.

Pese a lo referido, es muy posible que el presidente Luis
Echeverría decidiera mermar el poder de sus cuñados, cuyos cacicazgos fueron tolerados por el gobernador jalisciense Alberto Orozco
Romero y no así por el sucesor de éste, Flavio Romero de Velasco, in-
vestido por el propio Echeverría y quien, de plano, arrasó con el po-
derío de los Zuno.

–Don Flavio —sintetiza mi informante—, utilizó un método
sencillo: armó hasta los dientes a la Federación de Estudiantes de Guadalajara, rebasada por la violencia, y la instruyó para que combatiera,
con todo, al Frente Estudiantil Revolucionario, primera célula de la
Liga 23 de Septiembre. Y así fue.

En ese contexto de barbarie plena surgió la terrible, despia-
dada disputa por la cadena periodística García Valseca, formada entonces por cuarenta y dos diarios con rotativas vanguardistas, para que
fuese convertida en un instrumento de control político al servicio del
grupo Echeverría.

–¿Qué fue —le pregunto a Eduardo, hijo del coronel José García Valseca— lo que llevó al extremo la persecución contra tu padre?

–Primero, la soberbia de Gustavo Díaz Ordaz, quien no admitía que nadie pretendiera ponerle un pie delante.

Don Gustavo y el coronel, viejos rivales desde sus orígenes políticos, enamoraron a la misma musa: una diputación por un distrito
de Puebla, la entidad natal de ambos. Y ganó Díaz Ordaz, por supuesto. Muchos años después, cuando el periodo presidencial de éste estaba por terminarse, García Valseca, ensoberbecido, le dijo al doctor
Gilberto Bolaños Cacho, primo de don Gustavo:

–Yo soy más, pero mucho más chingón que Díaz Ordaz.

–¿Por qué lo dice, coronel?

–La presidencia es una borrachera que dura seis años y luego
produce una cruda para el resto de la vida. En cambio, yo no pasaré.
Tengo mis periódicos y seguiré siendo poderoso.

129

Bolaños Cacho no fue discreto. Presuroso, acudió a ver a Díaz Ordaz, poco tolerante por decir lo menos, y éste perdió la compostura. El todavía presidente mandó llamar a Echeverría, su virtual sucesor, y le dijo:

–¿Quiere usted establecer un compromiso de lealtad conmigo?

–Dígame usted, señor —respondió Echeverría. Estoy para servirle.

–Córtele la cabeza al coronel.

–Tengo al hombre para ello, señor presidente. Es un empresario exitoso que ha podido hacer fortuna en poco tiempo: Mario Vázquez Raña.

–Proceda... y no me diga cómo.

Muchos meses después, a través de Julio Sánchez Vargas, nombrado procurador general por don Gustavo, que continuó en el cargo nueve meses más bajo el mandato de Echeverría, éste le envió un mensaje a su antiguo jefe:

–El señor presidente me pide entregarle, don Gustavo, estos documentos. Son copias de los cheques, cada uno por 5 millones de dólares, que amparan la compra de la cadena García Valseca.

Díaz Ordaz, muy serio, miró de reojo los papeles y algo le reclamó a Sánchez Vargas. Al final, explotó:

–Puede usted decirle a Echeverría... ¡que se vaya a la chingada!

Le pregunto a Eduardo García Valseca, en su rancho de Guanajuato, donde tiene un andén que guarda el viejo vagón del coronel:

–¿Tú crees que todo derivó de una venganza de Díaz Ordaz?

–Estoy más seguro de que me llamo Eduardo.

Y Echeverría, por supuesto, supo aprovechar la oferta con creces. Una tarde, en pleno disfrute del poder, llegó a la residencia del coronel, ubicada en la calle de Madero 17, en Tlacopac, San Ángel, al sur de la ciudad de México.

–¡Qué hermosa colección de armas! —exclamó el presidente

Echeverría, quien había aceptado la invitación de García Valseca para atemperar el golpe inminente.

–La tiene usted a su disposición —respondió, halagado, el coronel.

Dos horas más tarde, ante la sorpresa del anfitrión, sendos carromatos del ejército nacional, con varios soldados, llegaron a la residencia. Quien comandaba a la singular comitiva espetó:

–Venimos a buscar las armas que usted le obsequió al señor presidente de la República.

Los uniformados procedieron a vaciar las vitrinas, una a una, sin dejar ni siquiera una muestra. Mientras, García Valseca refunfuñaba incrédulo.

–¿Cómo se endeudó el coronel, Eduardo? —pregunto a su hijo.

–Se empeñó en ser vanguardista en la utilización de maquinaria offset. Y para comprar las primeras rotativas a la fábrica Goss, de Alemania, solicitó un crédito de 10 millones de dólares a Nacional Financiera. Los pagarés respectivos fueron depositados en SOMEX y con ellos en la mano procedieron a instrumentar el despojo.

–¿No intentó evitarlo el coronel?

–Por supuesto. De hecho ya había solucionado la momentánea falta de liquidez.

–¿Qué hizo tu padre, Eduardo?

–Convocó a don Eugenio Garza Sada y lo convenció de que comprara parte de las acciones de la cadena. Don Eugenio, que sabía comprar, le entregó 10 millones de dólares para que pudiera cubrir la deuda con SOMEX, e incluso 4 millones de dólares más para consolidar la cadena y sanearla.

Garza Sada, a quien muchos consideran el padre del Monterrey moderno, emprendedor y visionario, no tuvo tiempo de dar el paso. Veinticuatro horas antes de la firma del convenio que le hubiera permitido contar con la mayoría de las acciones de la organización periodística, salvando a García Valseca de los financieros gubernamentales, fue asesinado a mansalva, cobardemente, en Monterrey.

131

–El atentado contra don Eugenio —relata mi informante— fue perpetrado por la célebre Liga 23 de Septiembre en el aniversario de ésta en el mismo mes de 1973. Fue tal la presión de los empresarios dolidos por el ominoso suceso, que Echeverría debió actuar con la mayor celeridad para encontrar a los responsables.

De esta manera los dirigentes de la Liga, entre ellos José Luis Sierra el Perico, esposo de Dulce María Sauri, cayeron en poder de la policía y fueron recluidos.

(Mencionemos dos nombres más de sendos integrantes de la Liga: Gustavo Irales y Adolfo Orive de Alba, este último, ideólogo de la política de masas. Ambos, años después, fueron llevados a colaborar a la Secretaría de Gobernación durante la administración de Carlos Salinas. El titular de la dependencia en ese entonces, el exgobernador de Chiapas, Patrocinio González Blanco Garrido, los reclutó meses antes de que estallara la rebelión en Las Cañadas en el amanecer del año nuevo de 1994.)

La versión oficial sobre el crimen registra que el chofer de Garza Sada, al reaccionar con violencia para evitar un secuestro, forcejeó con los delincuentes y a uno de éstos se le "escapó" un tiro. Con ello, por supuesto, se pretendió despejar las sospechas sobre una posible autoría intelectual. No obstante, en Monterrey, se creyó otra cosa.

Echeverría, apenas tres semanas antes de la agresión contra don Eugenio y con motivo de su informe de gobierno, se había referido con desprecio al Grupo Monterrey que cobraba mayor peso en el espectro financiero del país. Molesto porque al parecer cada vez eran mayores las resistencias de los empresarios del norte a las políticas de su gobierno, el presidente expresó desde la tribuna del Congreso de la Unión:

–Son sólo unos cuantos ricos, mejor dicho, riquillos...

Con este antecedente, cuando Echeverría acudió a los funerales de don Eugenio encontró un clima enrarecido y una sociedad dolida y acusadora. El abogado Ricardo Margáin Zozaya, uno de los guías morales e ideólogos del sector patronal, pronunció la oración fúnebre y, mirando con firmeza al presidente de México, sostuvo:

> Sólo se puede actuar impunemente cuando se ha perdido el respeto a la autoridad; cuando el Estado deja de mantener el orden público; cuando no tan sólo se deja que tengan libre cauce las más negativas ideologías, sino que además se les permite que cosechen sus frutos negativos, de odio, destrucción y muerte...

Echeverría apretó la mandíbula nada más. Daba la impresión de que, al estilo de las mafias, había corrido presuroso para velar al adversario. Sobre todo, porque la fundación de la liga criminal estaba estrechamente unida a sus prominentes familiares. Y nadie, absolutamente nadie en aquel duelo exculpaba al mandatario.

Fue tal el encono de la cúpula empresarial que, en un desplegado posterior, hicieron suyas las palabras de Margáin Zozaya. Firmaban al calce los señores José Luis Coindreau, presidente de la Cámara de Comercio de Monterrey; Humberto Lobo, presidente de la Cámara de la Industria de Transformación de Nuevo León; Francisco Garza González, presidente del Centro Patronal de Nuevo León; y Bernabé del Valle, presidente del Centro Bancario de Monterrey.

–No tengo duda —insiste Eduardo García Valseca. A Garza Sada lo eliminaron para que no entorpeciera el linchamiento contra mi padre. La saña fue terrible, el daño, inimaginable.

–¿Tanto era el encono?

–Sí, porque de alguna manera afectó la soberbia de un presidente, Díaz Ordaz, y era un obstáculo contra los intereses de otro, Echeverría.

El jalisciense Francisco Galindo Ochoa, vocero de Díaz Ordaz —seis años más tarde lo sería también de José López Portillo—, mal hablado y maniobrero, cortado a la vieja usanza institucional, solía dar instrucciones para que se expresaran opiniones negativas contra el coronel:

133

–Es un pinche ratero —repetía. ¡Quiere cobrarnos hasta por lo que no se ha publicado!

La queja, desde luego, recalaba una sucia costumbre de la época: el velado subsidio oficial a la prensa materializado durante las campañas de los aspirantes presidenciales del PRI. Bastaba, muchas veces, con pasar las facturas para que las onerosas deudas de papel periódico, manipuladas por el monopolio paraestatal PIPSA para contener a los directores y negociar con éstos, se esfumaran como por encanto. Y el coronel, más que confiado, se dejó ahorcar. De esta circunstancia se aprovechó Echeverría al asumir el mando de la República: sencillamente no condonó lo adeudado y arrinconó al otrora poderoso editor.

–¿Y cómo fue que apareció Vázquez Raña? —interrogo al hijo del coronel.

–Es un empleado de Echeverría, un prestanombre. Nació en Galicia y lo niega. Con ello se demuestra el perfil tortuoso de su personalidad. Tengo los documentos que registran la llegada de sus padres, con él y sus hermanos, al territorio nacional, huyendo de la guerra civil española.

–Hábil sí fue para hacer fortuna...

–Gracias al impulso de su patrón, desde luego.

Experto en mercar con muebles, el hijo del destierro fundó la empresa Hermanos Vázquez y pretendía adquirir, al sentirse sólido económicamente, la fábrica Acros, especializada en línea blanca. Y en esas estaba cuando su protector, Echeverría, en pleno usufructo del poder le conminó:

–No seas tonto. Es hora de pensar en grande: compra la cadena García Valseca.

Y Vázquez Raña, con tamaño respaldo, no tuvo duda alguna acerca de cómo debía proceder. Era tal la afinidad entre el mandatario y su socio, que los dos compraron sendos relojes de oro, con tres carátulas con distintos husos horarios, piezas únicas en su género adquiridas en una suntuosa tienda de la elitista Quinta Avenida de Nueva York. Echeverría también adquirió anteojos del mismo metal con escandaloso valor comercial.

–Vázquez —continúa Eduardo García Valseca— supo invertir en política, precisamente a favor de las campañas presidenciales priístas. Así se hizo indispensable para el desbordado Echeverría.

En alguna ocasión, el citado expresidente intentó justificarse como réplica a una pregunta expresa que le formulé:

–¿Populista yo? Si estar pendiente de los deseos populares es ser populista, me enorgullece serlo.

Y con ese ánimo, desparramando paternalismo con doble intención, endeudó al país y, lo que fue peor, provocó la catastrófica devaluación de agosto-septiembre de 1975 por haber autorizado la impresión de billetes sin respaldo alguno. Sencillamente desbordó al Banco de México luego de agotar las reservas monetarias.

Sin límites, el poder presidencial aplastó al empresario de periódicos que se ufanaba en privado, cuando celebraba alguna de sus rutilantes fiestas:

–Soy quien más ha ganado en México con la letra impresa ¡y jamás he leído un libro!

Aquellas juergas fueron inolvidables para sus colaboradores. El coronel, ebrio de champaña, solía divertirse cortando las corbatas de sus invitados a tijeretazos. Y algo más, practicaba el tiro al blanco de singular manera:

–Cuando llegaban las muchachas al penthouse del coronel —me contó Carlos Loret de Mola Mediz, quien llegó a desempeñar la dirección regional de la cadena en el norte del país y la Huasteca en la década de los cincuenta—, les pedía que se pusieran zapatos con tacones muy altos. Y les disparaba a éstos. Se preciaba de no fallar.

Desde luego tampoco poseía demasiado sentido del humor. En una ocasión, uno de sus invitados, arropado por el calor etílico, le soltó a bocajarro:

–¡Ah, qué mi coronel! Yo creo que éstas son sus mejores batallas. Porque no le conozco ninguna hazaña en la Revolución.

135

El sujeto aquel tuvo que salir muy de prisa del local, porque el coronel quería dispararle... a los tacones, claro. Y en medio del jolgorio no era extraño que llamara a su ayudante de cámara, infaltable:

–Balderas —gritaba a todo pulmón—, ¡la bolsa!

Y el diligente empleado se aproximaba, sin importar en donde estuviera el jefe, fuera en la sala o el comedor, ni con quién departiera en ese momento, con un adminículo de plástico en el que su patrón descargaba, delante de invitados y mujeres galantes, su orina.

Como se sabía fuerte, indispensable incluso, García Valseca solía mover las piezas del ajedrez creyendo que nunca habría nadie que le pusiera en jaque. Hasta que le llegó la hora. Inquieto por las presiones, decidió designar a Miguelito Alemán Velasco, hijo del expresidente Miguel Alemán Valdés, vicepresidente de la cadena. El muchacho, quien llegó a la gubernatura de Veracruz en 1998 arropado por el poder económico y sus vínculos con Televisa, aceptó encantado. Luego recibiría una llamada:

–No se meta, Miguel —sugirió Mario Moya Palencia, entonces secretario de Gobernación y aspirante a la primera magistratura. Está de por medio el presidente Echeverría.

Y Miguelito, apresurado, renunció a la distinción. Por cierto, Moya Palencia sería después, perdida la carrera sucesoria, el primer director de la Organización Editorial Mexicana, una vez consumado el despojo de la cadena.

De una de las paredes del vagón El Sol, símbolo de la época glamorosa y en donde converso con el hijo del coronel, cuelga una fotografía singular, enmarcada y empotrada. Se observa a García Valseca, radiante, ofreciéndole un whisky a una reina universal de belleza: Christian Martell, apellidada Magnani, quien sería desposada por Miguelito Alemán. El coronel tiene la mirada clavada en la hermosa mujer y la observa con lascivia, infladas las mejillas y con los ojos saltones.

–¡Qué cara de pícaro...! —exclama Eduardo, su hijo, al enseñármela.

136

Luego, nostálgico, recuerda los últimos días de su padre:

—Fue terrible, brutal, observar cómo se derrumbó, paranoico, enloquecido, arrumbado en un cuartucho sin ventanas al final de la casa. Decía que irían a matarlo en cualquier momento.

El coronel tenía fundamentos para ello. Tras el asesinato de Garza Sada, el empresario jalisciense Fernando Aranguren Vallejos, entonces líder de los empresarios de su entidad, sin más respaldo que el valor civil, viajó a la ciudad de México y encaró al presidente Echeverría golpeando el escritorio de éste con el puño cerrado:

—No se haga, presidente: ¡usted es el asesino!

Echeverría enmudeció y no respondió nada. Unos días después, en pleno corazón urbano de Guadalajara, Aranguren fue secuestrado sin dejar rastro. Cuando, al fin, apareció su cadáver, el hallazgo resultó macabro:

—Estaba amordazado, con claras muestras de haber sido torturado —explica mi informante—, encajuelado, sin lengua, castrado.

La venganza fue extrema, brutal. Nadie pidió rescate por él, ni siquiera para cubrir las apariencias. Y sobre la piel quemada con cigarros podía leerse una sola palabra que era rémora, sin duda, del despectivo calificativo "riquillos" con que el presidente se dirigía a los empresarios reacios: "burgués".

Sólo pasaron unas horas más, en aquel trimestre bárbaro de 1973, para que el coronel García Valseca recibiera en la redacción del diario *El Occidental*, uno de los pilares de la organización, un mensaje que no admitía duda alguna: "El próximo es José García Valseca".

El otrora orgulloso soldado se dobló. Preso de un delirio extremo de persecución dejó de salir de su casa y ya no recibió a nadie. Y lo que es peor: pasó tres años, hasta 1976, encerrado en un cuartucho sin ventanas, construido en el fondo de la residencia valuada en varios millones de dólares a la manera de vestidor.

—No permitía que nadie se acercara —cuenta Eduardo, su vástago. Sólo convivió con siete gatos de angora. Su deterioro físico fue extremo; el mental no se diga. Cuando la familia se decidió a inter-

137

venir por prescripción médica, y rescatarlo de aquella buhardilla, encontramos debajo de su colchón varias capas de pelo de gato. Sin aseo, sin cuidado alguno, el coronel murió en vida.

–¿Por qué lo dejaron así tanto tiempo?

–Fue muy difícil acercarse al cuartucho aquel. No lo permitía. Hubo que someterlo, forzarlo.

–¿Qué hicieron después?

–Lo trasladamos a su habitación. Ahí permaneció, paralítico, durante sus últimos años. Recuerdo que un día entró en una crisis severa: balbuceaba, desesperado, algo, y nos señalaba hacia algún rincón moviendo el brazo sin parar. Los sonidos guturales eran de angustia, miedo. Hasta que pude entenderlo: nos indicaba que había una torre comercial cercana que podría apreciarse desde su recámara. Quizá creía que desde allí lo acechaba un francotirador.

El coronel, en estas condiciones extremas, contraste absoluto con sus tiempos de editor poderoso, murió el 5 de noviembre de 1980, despojado y con muy pocos amigos. Sólo se permitió, cuando aún no entraba en crisis, un pequeño orgullo. Cuando Mario Vázquez Raña supo que tenía una hemeroteca excepcional, con 77 mil tomos que abarcaban ciento sesenta años de la vida de México, le ofreció por ella un millón de dólares:

–A ese "gallego" —respondió—, ni un papel más.

La hemeroteca fue donada a la Universidad Nacional Autónoma de México, íntegra.

–Lo que lamento —sentencia Eduardo— es el abandono de la colección. Está en pésimo estado.

El coronel que se negó a ser general —cuando por antigüedad le correspondió el honor, prefirió renunciar al ejército para conservar su grado emblemático—, fue aniquilado, asesinado podría decirse, a golpes de poder. Para él no hubo la oración fúnebre que sirviera, al menos, para exhibir a los responsables de su caída. Tampoco hubo justicia para perseguir a los autores intelectuales de los asesinatos del neoleonés Eugenio Garza Sada y el tapatío Fernando Aranguren Vallejos.

En cambio, los vencedores crecieron, intocables, bajo el cobijo de la impunidad. Años después, en 1986, en medio de la mayor oleada de asesinatos contra periodistas de la historia de México, y cuando la economía nacional obligaba a suspender el libre cambio de divisas, Luis Echeverría propuso una estrategia al presidente Miguel de la Madrid, para tratar de amortizar la campaña de desprestigio contra las instituciones armada desde el exterior:

–Vázquez Raña podría comprar la UPI (United Press International), una de las agencias noticiosas con mayor prestigio y cobertura en el mundo. Ya demostró de lo que es capaz como empresario de periódicos.

De la Madrid se entusiasmó con la idea. Eran los tiempos del boom del narcotráfico, la parálisis económica, incluso del decrecimiento, el término maldito para los economistas, y de la infiltración de las mafias en la estructura gubernamental. Había que sellar labios, callar voces, cercenar honras.

Mario Vázquez Raña viajó a Washington, en su avión privado, el mismo que había puesto al servicio exclusivo de Echeverría, y desembolsó, nada menos, 41 millones de dólares.

–Fue en una sola entrega —puntualiza Eduardo García Valseca— cuando en México nadie podía comprar un dólar.

Pero la jugada no les resultó. Los grandes clientes de UPI, comenzando por el célebre *The New York Times*, decidieron dejar de emplear los servicios de la agencia. En breve lapso las pérdidas sumaron 200 millones de dólares.

–Vázquez —finaliza García Valseca hijo— no afrontó las consecuencias. Ni siquiera un rasguño económico. El déficit, mientras duró la aventura, fue cubierto por el gobierno del señor De la Madrid.

El presidencialismo tiene sus secretos. Y sus cómplices.

Mano caída

–A ver, a ver. Usted que lo conoció de tan cerca, ¿es cierto que Miguel de la Madrid es bisexual?

　　La pregunta dista mucho de ser inocente. Cala hondo, aunque la atmósfera sea frívola, incluso lúdica. La formula el expresidente José López Portillo a quien había sido amigo cercano de su sucesor en la presidencia de la República. Corre el año de 1993. Todavía se siente fuerte y practica la natación en la Casa Maya de Cancún. De la Madrid ya no despacha en Palacio Nacional, algunos de los perseguidos han vuelto al escenario.

　　–Mire usted, licenciado: si yo me hubiera acostado con él habría llegado a ser secretario de Comunicaciones en lugar de Emilio Gamboa Patrón, y no un trashumante. ¿Queda satisfecha su curiosidad?

　　López Portillo, ajeno a embolias e infartos aún, no pudo contener la carcajada. Una y otra vez se zambulló en la piscina de lujo y cada vez que salía a tomar aire extendía la risa, contagiosa, como sentencia inapelable:

　　–Ya decía yo, ya decía yo...

　　Luego aventuró otra interrogante igualmente comprometedora:

　　–Dígame usted, ¿cuándo se fracturó su amistad con De la Madrid?

　　Miguel Lerma Candelaria, aquel joven político perseguido por la furia delamadridiana y quien debió permanecer diez años fuera del país, acosado sin descanso, ya maduro e integrado a las tareas periodísticas a la vera del presidente del consejo de administración de *El Universal,* Juan Francisco Ealy Ortiz, repuso sin pensarlo mucho:

–Voy a contestarle, señor, haciéndole una pregunta. ¿Puedo?

–Sí. Adelante, Miguel.

–¿Cuándo se fracturó su amistad con De la Madrid, señor?

Satanizado acremente por la estatización bancaria como justificante para la marcha hacia atrás implementada por Miguel de la Madrid apenas tomó posesión de la presidencia, en diciembre de 1982, José López Portillo debió soportar, como en ningún otro caso, todas las consecuencias, incluyendo el odio popular.

–Desde luego... es traidorcito el pinche enano ese, ¿verdad?

–Está superada la duda, señor...

A Lerma se le señaló como responsable de un millonario fraude, de 2 mil millones de pesos, contra BANRURAL, la banca agraria de la que fue subdirector por designación de López Portillo. Y a pesar de que personalmente éste le dio su respaldo, fue imposible para él retornar al campo político, ni siquiera a territorio nacional durante una década amarga.

–La reacción de Miguel de la Madrid —insiste— no fue de hombres. Sencillamente se descubrió...

Hagamos el repaso de los hechos. Durante el sexenio de Luis Echeverría, Mario Ramón Beteta, hijo del general Ignacio Beteta de raigambre revolucionaria y quien fuera colaborador de Lázaro Cárdenas del Río, ocupó la Subsecretaría de Hacienda. De la Madrid era su amigo, para muchos su hermano. Y pese a ello no le encontraba ocupación en la dependencia:

–Sucedió —me explica una fuente— que Echeverría quería obtener el aval del prestigiado historiador don Jesús Silva Herzog y optó por designar como director de Crédito, de modo discrecional, al hijo del maestro, Jesús Silva Herzog Flores, conocido como el Negro y quien tendría, a partir de entonces, una larga trayectoria burocrática.

De la Madrid se quedó marginado, en la banca. Y sólo lo salvó el llamado del director de PEMEX, Antonio Dovalí Jaime, quien solicitó a Beteta un "experto en finanzas". Y surgió el nombre del señor De la Madrid para ocupar la subdirección de Finanzas de la paraestatal.

–Entre los asesores a quienes privilegió De la Madrid se anotaron el chihuahuense Everardo Espino de la O y el veracruzano Horacio Carvajal Moreno, hermano de Gustavo, quien llegaría a encabezar el partido oficial durante la administración lópezportillista.

Fue así como se consolidó la relación entre De la Madrid y Espino, que fue clave para trazar el futuro. Para nadie fue un secreto que, cuando avizoró por vez primera la posibilidad de ser presidente, Miguel pensó en Everardo como posible sucesor:

–Se entendían de las mil maravillas...

La suerte quiso que Echeverría creara, con bombo y platillos, el Instituto del Fondo Nacional de la Vivienda para los Trabajadores (INFONAVIT) y designara para desempeñar la titularidad del mismo a Silva Herzog Flores. Fue entonces cuando De la Madrid, al fin, pudo incorporarse a Hacienda para ocupar la plaza vacante.

–Era tanto el cariño que le profesaba Beteta a De la Madrid que optó por relegar a Carlos Tello Macías, quien ocupaba la subdirección y a quien correspondía el derecho de ascender.

Fue entonces cuando De la Madrid comenzó a formar su equipo, restructuró la Dirección General de Crédito y designó a cinco subdirectores, entre ellos Everardo Espino, como encargado de las instituciones nacionales de crédito, y a Eduardo Pesqueira Olea, quien fue, con el tiempo, figura central del periodo presidencial de don Miguel como secretario de Agricultura.

Todo ello confluyó hacia un movimiento estratégico en el gabinete de Echeverría: salió de Hacienda, en mayo de 1973, su titular Hugo B. Margáin, economista y diplomático, y entró en su lugar José López Portillo, perfilado para la carrera sucesoria. De la Madrid no pudo evitar el quedar relegado: Tello Macías, subordinado de éste, fue elevado a la Subsecretaría, rompiendo así con el escalafón.

145

–Espino, convertido en el todólogo de la dependencia, pues tenía que ver con cañeros, copreros, amén del Banco Ejidal, Agrícola y Ganadero, respaldó a De la Madrid, su jefe, y le permitió resistir.

El 22 de septiembre de 1975, José López Portillo fue designado, que no nominado, como candidato presidencial del PRI y el hecho causó un sismo de grandes proporciones al interior de la Secretaría de Hacienda. El aspirante se llevó a Espino para que asumiera la subdirección del Instituto de Estudios Políticos, Económicos y Sociales del PRI (IEPES) brazo pensante del partido, bajo la batuta de Julio Rodolfo Moctezuma, incondicional del futuro mandatario.

–Sólo tres días después, el 25 de septiembre, Mario Ramón Beteta ocupaba la Secretaría de Hacienda, sustituyendo a López Portillo, y lograba al fin cumplir su anhelo: colocó en la Subsecretaría a Miguel de la Madrid.

–¿Había acaso un entendimiento singular entre ellos?

–Bueno... todavía De la Madrid no pintaba. Al parecer.

Con López Portillo en la presidencia —diciembre de 1976—, Everardo Espino asumió la dirección de BANRURAL, luego de la fusión de las instituciones de crédito con proyección hacia el campo, y comenzó a distanciarse del subsecretario De la Madrid.

–Lo dejaba plantado —me informan—, y le hacía un sinfín de groserías. De la Madrid resintió el cambio y no pudo asimilarlo.

Dos sacudimientos en el gabinete presidencial, muy en el estilo de López Portillo, habrían de abrirle la senda a De la Madrid: primero, en noviembre de 1977, las disonancias entre los responsables de Hacienda y Programación y Presupuesto, Julio Rodolfo Moctezuma Cid y Carlos Tello Macías respectivamente, ocasionaron la salida de ambos y la llegada de David Ibarra Muñoz y Ricardo García Sáenz para ocupar las carteras. Después, en mayo de 1979, "renunciaron" los secretarios de Gobernación, Relaciones Exteriores y Programación, a saber, Jesús Reyes Heroles, Santiago Roel y el mencionado García Sáenz: los relevaron Enrique Olivares Santana, Jorge Castañeda —padre de Jorge G. Castañeda, designado canciller por el presi-

146

dente Vicente Fox en diciembre de 2000—, y, desde luego, Miguel de la Madrid.

–Un primer encuentro clave —continúa mi fuente— ocurrió a la llegada de don Miguel a Programación: la noche misma de su nombramiento llamó a la Secretaría y sólo encontró a un diligente secretario auxiliar de García Sáenz que ordenaba los papeles de éste: el yucateco Emilio Gamboa Patrón.

Entre De la Madrid y Gamboa se produjo algo más que una simple buena impresión. A don Miguel le sorprendió la asiduidad de Emilio quien, incluso, no abandonó la oficina ni para recibir a su primogénito. Y ambos fincaron, desde entonces, una sólida, invariable fidelidad. Desde luego, Gamboa fue ratificado.

–En otro escenario, De la Madrid presionó para que Espino saliera de BANRURAL, molesto por los desplantes, y fuera designado titular de la Comisión Nacional de la Industria Azucarera. Las cartas estaban marcadas.

Las presiones contra Espino arreciaron en marzo de 1981. El entonces secretario de Agricultura, Francisco Merino Rábago, descubrió algunas desviaciones efectuadas durante el ejercicio de aquel en BANRURAL y lo denunció. No obstante, por el momento, la querella no prosperó sobre todo por la intervención de Javier García Paniagua, dirigente del PRI por esa época, e hijo del célebre general Marcelino García Barragán, cuya lealtad a las instituciones evitó una asonada contra Gustavo Díaz Ordaz tras la matanza de Tlatelolco en 1968.

García Paniagua se sabía favorito para ganar la puja por la presidencia. De la Madrid, en cambio, medía sus pasos y no incomodaba al "fiel de la balanza", esto es, al presidente López Portillo, quien así se definió a sí mismo. Y en este contexto, Everardo Espino se equivocó de cabo a rabo:

–A De la Madrid y a García Paniagua —comentó sin rubor—, les queda grande la banda tricolor. Al que le sienta bien es a Pedro Ojeda Paullada —titular de la Secretaría del Trabajo y Previsión Social, cuyas posibilidades eran bastante escasas.

147

Cuando se enteró, De la Madrid, estalló:

–No tiene los güevos Everardo para decirlo en sus cinco sentidos. En el pecado llevará la penitencia.

Pregunto a Miguel Lerma Candelaria, quien fue subdirector de BANRURAL durante la gestión de Espino en esta dependencia, sobre las verdaderas causas de la persecución contra éste y él mismo:

–Espino traicionó a De la Madrid. En ambos casos se trató de cuestiones políticas...

El propio Lerma, inquieto por la dureza de la reacción contra Espino, indagó por su cuenta. Primero visitó a Ramón Aguirre Velázquez, quien fue designado regente de la ciudad de México en cuanto su amigo De la Madrid accedió a la presidencia, en diciembre de 1982, y se sorprendió por la respuesta:

–Ni madres, no le entro —se excusó Aguirre. Hay algo muy feo detrás...

Poco después buscó al Gordo Pesqueira Olea, otro de los favoritos, y éste no quiso soltar prenda hasta que Lerma, conociéndolo, lo condujo a un sitio, digamos más agradable: un burdel de lujo sito en la calle de Villalongín, en la ciudad de México. Animado, al fin, el voluminoso y jacarandoso funcionario se atrevió a deslizar la confidencia:

–Si comentas algo, te desmiento, ¿de acuerdo?

–Ándale, Gordo, suelta. No me dirás que aborrece a Espino porque no se lo pasó por las armas.

Y el robusto personaje, con más de 120 kilos de peso y una carcajada contagiosa, por no decir grotesca, comenzó a hablar:

–Mira, López Portillo decidió vigilar a quienes podrían sucederlo. Y mandó a elementos del Estado Mayor Presidencial a Inglaterra para adquirir un equipo muy sofisticado para monitorearlos.

–Digamos que el escándalo Watergate, en Estados Unidos (1972), se quedó corto. ¿Y en dónde entra Everardo?

–A él le tocó una misión: pagar.

El cargo se haría, para evitar dejar huella, a través de la Comisión Nacional de la Industria Azucarera, donde se ubicaba Espino. Por eso, el jefe del Estado Mayor, el general Miguel Ángel Godínez Bravo, acudió a las oficinas de Espino para ponerse de acuerdo... sólo que éste, desconfiando, no le dio el dinero a Godínez sino a uno de sus ayudantes personales, con órdenes de hacer los desembolsos de manera directa, sin intermediarios.

–¿Sabes qué quería el cabrón? —cuestionó Pesqueira. Comprar un sistema de más... para poder espiar, a sus anchas, precisamente a De la Madrid. Y compartió el espectáculo con su "candidato", Pedro Ojeda Paullada, a quien le facilitó una casa en donde instaló los receptores. Todo el día tenían a Miguel en pantalla...

No dejaron cabos sueltos. Espino cubría los gastos de la casa montada para el deleite de los observadores indiscretos a través de su segundo, Roberto Martínez Vara, hijo de Refugio López Portillo y sobrino favorito del presidente. Luego De la Madrid perseguiría también a Martínez Vara.

Y no perdonó: apenas seis meses después de su llegada a la primera magistratura, en mayo de 1983, Miguel de la Madrid, tras una acuciosa auditoría a la comisión azucarera, encontró los elementos para arrinconar a su antiguo y ferviente amigo, Everardo Espino.

- Todavía fue tan torpe Everardo que ni siquiera escuchó el "pitazo" —me confía Lerma Candelaria. Sólo contestó que De la Madrid no se atrevería a meterlo a la cárcel. Pero lo hizo.

Dos años permaneció Espino recluido, desde el 10 de mayo de 1983, sin recibir sentencia, una especie de tradición en cuanto a los aprehendidos tras las vendettas políticas. Lo mismo sucedió, por ejemplo, a Jorge Díaz Serrano, el sabio del petróleo, quien cometió el error de disputarle la nominación presidencial a De la Madrid, confinado por años sin que pudiera comprobársele ninguna de las acusaciones en su contra instrumentadas, claro, desde el origen del rencor... de quien alcanzó el honor de portar el emblema patrio sobre el pecho.

–¿Te gusta la banda, Emilio? —le preguntó don Miguel a su secretario, Gamboa Patrón, tras tomar posesión de la presidencia.

–Por supuesto, señor. Le sienta muy bien.

–Alguien dijo que me quedaría grande. A ver, póntela, Emilio.

–Señor, me conmueve...

Y el fiel secretario tuvo sobre su pecho el símbolo del poder mítico. Unos segundos de intensa comunión con su jefe. Ambos lloraron, se abrazaron y se juraron lealtad.

–Bueno, ¿y que pasó con tu caso, Miguel? —apuro a Lerma Candelaria.

–No te adelantes. ¿Recuerdas a Mauricio González de la Garza?

Mauricio, hijo de la polémica y escritor de altos vuelos aprisionado por la angustia política, escribió *Última llamada*, cuyas ventas rebasaron el millón de ejemplares, cuando la presidencia de José López Portillo deambulaba entre la frivolidad y el disfrute, y se aproximaba al ocaso.

Vivía el culto norteño —González nació en Nuevo Laredo, Tamaulipas— en un lujoso edificio de apartamentos, en la esquina del Paseo de la Reforma con la calle Varsovia de la capital mexicana. Lo habitaban también, en sendos departamentos, Margarita López Portillo, la hermana adorada del mandatario, y Rosa Luz Alegría, festín para los ojos del propio dignatario, quien recibió como regalo la Secretaría de Turismo para recordar las cálidas noches de crucero.

–Una tarde —cuenta Lerma Candelaria—, Mauricio citó a varios de sus asiduos contertulios, entre ellos el "príncipe" Díaz Serrano, García Paniagua y Carlos Hank González. Y se quedó casi solo, departiendo únicamente con el entonces embajador de Estados Unidos en México: Julián Nava.

–¿Qué le pasó?

–Cometió la imprudencia de leer todo su libro, absolutamente todo, y a pedimento de Margarita López Portillo, durante una reunión en Los Pinos, sin la presencia del presidente.

En aquella obra, por supuesto, se perfilaba a Miguel de la Madrid con los consiguientes riesgos para la nación. De inmediato, el escritor supo del acuse de recibo:

–¡Me quiere matar López Portillo! —exclamó, muy inquieto, González de la Garza.

–No, hombre —atajó Lerma. López Portillo no es asesino.

Entonces, Mauricio prendió una grabadora portátil. Y resonó la voz anónima:

–"Pinche joto... te vamos a matar".

González de la Garza, preso de la paranoia, clamó con la mirada. Y el embajador Nava intentó tranquilizarlo:

–No se preocupe. Mi gobierno, estoy seguro, podría darle asilo si usted lo solicita. Además, pongo a su disposición mi casa en La Joya, California, por si decide viajar fuera de México.

Horas más tarde Mauricio sufrió un síncope cardiaco. Y de inmediato una prima de éste telefoneó a Lerma Candelaria, entonces diputado federal, quien acudió presuroso a la casa del escritor:

–Tribuno —saludó González de la Garza a Lerma con el mote cariñoso—, ¡sácame de aquí! ¡Por favor! No soporto más esta tensión. ¡Van a matarme...!

Lerma trató, en vano, de tranquilizar a Mauricio y a Manolo, el ingeniero con quien éste formaba una pareja. Y le pidió a Mario Vázquez Raña su avión particular, explicándole al empresario, nada más, que se trataba de una emergencia. Una hora después, Mauricio y su pequeño séquito, en compañía de Lerma Candelaria, viajaron a El Paso, Texas, donde el legislador priísta contaba con una residencia de campo. Durante el viaje, Lerma le preguntó:

–Pero ¿por qué escribiste todo eso, Mauricio?

El escritor, todavía sedado, respondió en tono enérgico:

–Mira... puede que yo sea maricón, pero la mariconería la tengo detrás. Y lo que yo escribí, nadie, en este país, tiene los cojones para decirlo...

Lerma dejó a González de la Garza, a buen recaudo, en su casa texana. Y retornó enseguida a la ciudad de México. Amanecía cuan-

151

do llegó y apenas dos horas después un telefonema de Jesús Medellín, entonces secretario privado de Enrique Olivares Santana, titular de Gobernación, le puso en alerta:

—Lo esperamos aquí, en Bucareli, enseguida. El secretario Olivares desea hablar con usted...

El joven diputado Miguel Lerma, ambicioso en cuanto a su perspectiva política, se estremeció. Y cuando estuvo frente a Olivares confirmó su sospecha:

—¿Por qué sacaste a Mauricio del país? ¿Quieres hacerlo mártir?

La interrogante rompió los esquemas de Lerma. ¿Cómo había podido filtrarse la noticia hasta este nivel cuando el operativo había sido realizado con el mayor sigilo?:

—Lo hice para evitarle un dolor de cabeza al presidente López Portillo. Mauricio estaba por solicitar asilo político a Estados Unidos. El escándalo iba a ser de grandes proporciones.

—Pues no puede ser. Todavía ayer, al mediodía, me reuní con González de la Garza y el embajador Julián Nava. Le dije que no debía temer nada.

—No lo creyó, por lo visto. Por la noche estaba en el umbral de un infarto...

—Pues has puesto en riesgo tu porvenir político, Miguel.

Veinticuatro horas más tarde, Lerma Candelaria se encontró en la cresta de la ola. Un informe del procurador general, el chihuahuense Óscar Flores Sánchez, su paisano, le situó como "autor intelectual" de "ese libelo titulado *Última llamada*", financiador del mismo y hasta mecenas de Mauricio, puesto que le había proporcionado una vivienda en Cuernavaca. Y se le fincaba responsabilidad penal por los presuntos delitos de conspiración y contrabando.

Entonces, acosado, Lerma insistió ante Olivares Santana:

—Lo de la casa de Cuernavaca está fuera de contexto. Sí, yo renté la propiedad y la puse a disposición de González de la Garza... pero por instrucciones del presidente nacional del PRI, Javier García Paniagua.

Con premura explicable, Lerma acudió a las oficinas del líder García Paniagua y lo puso en antecedentes, sobre todo en lo relativo a sus gestiones a favor del escritor.

–No te me achicopales, Miguel —sentenció el dirigente máximo del PRI. Yo lo arreglo: voy a echarme toda la culpa.

Pero no lo hizo. Por la tarde de esa misma jornada, Luis M. Farías, quien desempeñaba el liderazgo de la cámara baja, llamó a Lerma y lo puso contra la pared:

–Quieren desaforarte, hermano. Pero no lo permitiré: primero que me desafueren a mí.

Algo percibió Lerma que lo intranquilizó. Y pronto confirmaría su malestar: le presentaron, sin mediar explicaciones su "solicitud" de licencia como diputado "para ponerse a disposición del procurador general de la República". El legislador estalló:

–¿Y por qué voy a ponerme en manos de Flores Sánchez si es él quien proyecta mi desgracia política? No quiere que yo llegue a la gubernatura de Chihuahua porque conozco muy bien sus antecedentes: el fue "burro" del general Quevedo. Es un narco. Y yo puedo demostrarlo.

("Burro", en la jerga habitual de la mafia, es quien transporta droga de México a Estados Unidos sorteando la acción de la inefable Patrulla Fronteriza. Flores Sánchez, además, fue gobernador de Chihuahua durante buena parte de la presidencia de Echeverría, en la década de los setenta, y de ahí saltó a la Procuraduría lo que constituyó un antecedente: dos sexenios más tarde, en diciembre de 1988, Carlos Salinas designó procurador a Enrique Álvarez del Castillo quien, como gobernador de Jalisco, había ignorado al poderoso cártel de Guadalajara.)

Mientras tanto, alertado, Mauricio González de la Garza viajó a Amsterdam, Holanda, en donde encontró refugio con su prima Carola. Y, por recomendación de García Paniagua, Lerma fue a buscarlo para pedirle una carta en que desmintiera las acusaciones de la Procuraduría. El escritor le respondió:

–¿Tan importante soy que puedo resolver, motu proprio, una cuestión tan delicada? Voy a consultarlo con la almohada.

Y no volvió a recibir a Lerma, ni a contestarle las llamadas. Una semana después, con las manos vacías, el diputado a punto de ser guillotinado, volvió a la capital de México. Sólo una sentencia, una, de García Paniagua, lo confortó:

–Si Mauricio traicionó a la naturaleza, ¿no te iba a traicionar a ti?

Con licencia, pero aún con fuero constitucional, Lerma accedió a una sugerencia de su líder nacional: ordenó la falsificación de la firma de Mauricio y presentó la carta de desmentido para interrumpir la presión de la Procuraduría, todavía más enconada después del desafío planteado contra Flores Sánchez. Días después, Javier García Paniagua le reveló:

–Puedes estar tranquilo: desarticulamos un plan para que te "accidentaras". Te querían matar.

–Pero ¿quiénes?

–Ya lo sabrás algún día.

El 20 de agosto de 1982, Miguel de la Madrid, ya con la calidad de presidente electo, le dijo a Lerma Candelaria:

–¿No está arreglado su asunto? ¡Qué barbaridad! Mejor váyase un tiempecito... digamos hasta diciembre, cuando ya su amigo, yo, sea presidente. Sólo le pido una cosa: avísele a López Portillo.

Y Lerma accedió. Llamó al general Godínez, jefe del Estado Mayor, para que lo introdujera al despacho presidencial "en cualquier ratito". El militar cumplió y el diputado con licencia le expresó al considerado "jefe de las instituciones nacionales":

–Salgo de viaje... porque el procurador Flores Sánchez quiere meterme a la cárcel, pese a todo. Y mi fuero constitucional terminará el 31 de agosto, cuando se extinga la legislatura.

López Portillo, muy molesto, golpeó su escritorio y, mirando a Godínez, ordenó:

–El presidente soy yo. Que nadie toque a Lerma. Es una instrucción, general.

Fue todo. Godínez, entonces, le advirtió al legislador:

–Ahora sí... no puedes irte.

–Bueno, déjame ir sólo a Houston. Me invitó Ted Kennedy a una reunión para recabar fondos destinados a su campaña de reelección como senador. No puedo desairarlo.

Y se fue... para no regresar sino hasta diez años después. En noviembre de ese año, apenas a una semana de distancia de la toma de posesión de Miguel de la Madrid, telefoneó a Manlio Fabio Beltrones, secretario privado del entonces subsecretario de Gobernación, Fernando Gutiérrez Barrios. Manlio lo alertó:

–¿No has leído los vespertinos de hoy?

–¿Cómo podría hacerlo si estoy fuera, en Dallas?

–Pues consíguelos. Estás a ocho columnas. Te acusan por un desfalco en BANRURAL. Es un escándalo.

Entonces llamó al secretario Olivares Santana y éste se reportó con una "buena nueva":

–Me dice el procurador Flores Sánchez que no hay sustancia alguna en este caso. Y que él nada tiene que ver con lo publicado. Atribuye todo a que tienes enemigos en la prensa.

–¿Usted le creyó?

–No. Flores Sánchez es un sucio político.

Dos fueron las órdenes de aprehensión contra el exdiputado: una como consecuencia de un presunto fraude contra BANRURAL por más de 2 mil millones de pesos; otra, por desviación de fondos destinados a realizar desmontes en Sinaloa que se pagaron y no se hicieron.

(Cuando, tiempo después, Lerma habló con López Portillo éste fue concluyente:

–Me traicionó Óscar Flores —dijo.

–Pero usted era el presidente, el mejor informado del país...

–¡Ay, Miguel! Los presidentes sólo sabemos lo que las personas que nos rodean quieren que sepamos. Pero, ¿por qué el encono de Flores Sánchez contra usted?

–Por Chihuahua, por su feudo. Él quiso evitar que yo llegara al gobierno y desmantelara su estructura. No es poca cosa.)

Durante el forzado exilio, Lerma le envió cinco comunicados a Miguel de la Madrid, desde el momento mismo en que éste ocupó la primera magistratura. Y usó distintos intermediarios: Paloma Cordero, esposa del mandatario; Alicia de la Madrid de Raphael, su hermana; Héctor Hernández, su secretario de Comercio; Ramón Aguirre, el regente de la ciudad de México por los seis años y el único con patente de corso para darle nalgadas al presidente; y, finalmente, Eduardo Pesqueira Olea, el Gordo, secretario de Agricultura y Recursos Hidráulicos desde julio de 1984.

–Fueron mensajes comedidos —reconoce Lerma. Excepto el quinto.

–¿Qué decía la última misiva?

–Te la leo: "Señor presidente De la Madrid: su gobierno me acusa de un supuesto fraude cometido en diciembre de 1979 en BANRURAL. A usted le consta que en esa fecha yo no estaba en esa dependencia; era ya diputado federal. Usted recordará que renuncié a BANRURAL en septiembre del mismo año, cuando usted era consejero del banco en su condición de secretario de Programación y Presupuesto. Mi renuncia se dio a conocer ante el consejo de administración celebrado en octubre. Le mando copia de la minuta por usted firmada".

–Una aclaración que estimo muy comedida...

–Aquí viene lo bueno. Sigo leyendo: "Lo que sí es cierto, señor presidente, es que su antecesor, José López Portillo, usó al BANRURAL como caja chica, y siguiendo sus instrucciones desvié fondos oficiales para cubrir los gastos de las campañas del PRI en distintos estados: Aguascalientes, Guanajuato, etcétera. De ahí mismo salían los sueldos de los funcionarios del PRI, desde Gustavo Carvajal Moreno hasta el último de los porteros. Y le recuerdo: estas desviaciones fueron autorizadas por usted, como secretario de Programación y Presupuesto, y por David Ibarra, secretario de Hacienda. De esto sí soy culpable. Por si no lo recuerda, le envío también la copia respectiva".

La reacción presidencial no se hizo esperar: "aparecieron" tres órdenes de aprehensión más contra Lerma por cohecho y evasión fiscal. Sergio García Ramírez, relevo de Flores Sánchez en la Procuraduría, solicitó su extradición a México. Y el blanco de la furia delamadridiana permaneció fuera hasta diciembre de 1992. Diez años de trashumante. Bien decía el doctor García Ramírez:

–Los asuntos jurídicos prescriben, los políticos no.

Hasta aquí la crónica de un pasaje que es, de por sí, revelador. Accidentes fraguados, montajes judiciales, venganzas con acento pasional y, por encima de todo, una profunda actitud mafiosa que sólo puede explicarse a partir de una especie de contubernio entre la clase gobernante y la delincuencia organizada. Todos los ingredientes, todos los nombres.

Una época en la que los compromisos del más alto nivel se signaron mediante subterfugios poco convencionales. Y, pese a ello, ninguna pesquisa se ha dirigido contra el protagonista central, Miguel de la Madrid, cuyos alegatos en defensa de su honestidad no tienen continuidad por la vía documental. Por ejemplo, siendo éste presidente, en mayo de 1984, el columnista estadunidense Jack Anderson escribió lo siguiente en *The Washington Post* y varias decenas de periódicos asociados:

> El presidente mexicano Miguel de la Madrid, quien está programado para celebrar una junta, hoy, en la Casa Blanca, ha acumulado una gran fortuna, en dólares, desde que tomó posesión y de acuerdo con documentos secretos de la inteligencia estadunidense.

Anderson, cuyas fuentes confidenciales no fueron reveladas, disparó una verdadera andanada contra el mandatario y fue preciso:

En una serie de transacciones realizadas durante los primeros cuatro meses luego de tomar el poder, en diciembre de 1982, De la Madrid depositó entre 13 y 14 millones de dólares en un banco suizo. Otra fuente con acceso a la información de la CIA y de la agencia de Seguridad Nacional citó un reporte del año pasado, basado en la intercepción de transacciones bancarias, e informó del monto total que De la Madrid ha tomado desde entonces: un mínimo de 162 millones de dólares.

La reacción de la cancillería fue desbordada: exigió una satisfacción de carácter oficial. El Departamento de Estado estadunidense respondió que en su país la libertad de expresión no estaba limitada cuando se trataba de los jefes de Estado y simplemente recomendó al mandatario mexicano que acudiera a los tribunales para zanjar el penoso asunto.

De la Madrid, por su parte, agendó un desayuno con la editora de *The Washington Post* pretendiendo curarse en salud. Y cuantas veces le interrogaron acerca de si procedería contra su "difamador" la postura fue invariable:

–El presidente de México —expresó— no puede someterse a otra soberanía. El asunto ya está finiquitado con la disculpa del Departamento de Estado.

Pero no hubo tal. Tampoco actuó De la Madrid cuando concluyó su gestión presidencial y ya no tenía sobre sus hombros el peso de las "soberanías". Sabía, claro, que en un juicio, Anderson podría exhibir los documentos comprometedores y sostener sus asertos. Y se calmó. Un hombre frío que únicamente reacciona con furia cuando le llaman "ladrón":

–¡Nadie debe dudar de mi honorabilidad...!

Y nada dice de sus grandes socios, de los banqueros saqueadores de 1982. Tengo las pruebas y son incontrovertibles.

Tampoco habla de sus rencillas personales. Dos semanas antes de la nominación de Francisco Labastida Ochoa como candidato del PRI a la presidencia de la República —noviembre de 1999—, De la Madrid descubrió a Miguel Lerma Candelaria entre los invitados a una recepción:

—¿Qué tal? —saludó el expresidente. Hace mucho que no lo veía.

—¿Y cómo iba a verme si usted me tenía fuera, acusado injustamente?

Las delicadas facciones del exmandatario se contrajeron. Nervioso, apuró el trago amargo separándose de su impugnador. Horas más tarde, Emilio Gamboa Patrón, en ese momento subsecretario de Comunicación Social de la Secretaría de Gobernación, cuyo titular era Labastida, llamó por teléfono a Lerma:

—No le hagas, Miguel. No tiene caso que te enfrentes a un expresidente tan poderoso. Ya sabes que mi jefe, Labastida, es "el bueno".

—Eso a mí no me importa, Emilio.

—Mira, me preocupa que te indispongas con De la Madrid. Déjame que yo tercie en la relación.

—Oye, Emilio, ¿puedo hacerte una pregunta?

—La que quieras, Miguel.

—¿Por qué no te preocupó mi asunto cuando me correteaban por todo el mundo mientras tú te *trincabas* al presidente?

—No seas cabrón. ¿Por qué dices eso?

—Porque me consta, Emilio.

Los banqueros

–¡No nos volverán a saquear...!

Con la voz quebrada y los ojos empañados, sin poder contener la rabia aparente, José López Portillo, presidente de México, sentenció así la medida más audaz de su periodo: la nacionalización bancaria, con la consiguiente suspensión del libre mercado de divisas. Ni un dólar más para especular, se dijo, fijándose el mes de septiembre de 1982 para que los "saqueadores" recapitularan y devolvieran al país los 40 mil millones de dólares depositados en los bancos estadunidenses apenas en unos cuantos meses.

–Después... actuaremos nosotros —aseveró el mandatario en un ambiente de frencsí desbordado por parte de los legisladores.

Apenas unos meses más tarde, culminado el relevo presidencial a favor de Miguel de la Madrid, López Portillo, agobiado por el acoso de la "jauría", en sus propios términos, no podía resignarse:

–Estoy pasando de la condición de prohombre a la de Satán de esta sociedad —concluyó con un dejo de amargura.

En cuestión de semanas el trueque de valores fue extremo. De las manifestaciones multitudinarias y encendidas en el Zócalo de la ciudad de México, tras el anuncio de los decretos expropiatorios del 1 y el 6 de septiembre de 1982, al estratégico linchamiento del expresidente no mediaron sino unas semanas, las mismas que requirió la nueva administración federal para dar marcha atrás a favor de los banqueros.

–Se me acusa —me dijo López Portillo— de ser responsable del fracaso de la banca estatizada. ¿Cómo podía serlo si mi sucesor no la desarrolló, ni siquiera para probar si era eficaz? Reviró enseguida y dejó que la condena histórica fuera contra mí.

Sin embargo, una promesa fue desplazada por la impunidad. López Portillo no se animó a publicar la "lista de saqueadores" que sacudieron la economía nacional y obligaron a una nueva escalada de empréstitos, perdidas las proporciones, cuyo origen fue nulo porque los adeudos no se suscribieron para realizar, como ordena la carta magna, obras materiales y sociales concretas. Y, desde luego, los responsables de la mayor fuga de capitales, nada menos 40 mil millones de dólares, equivalentes a la mitad de la deuda externa reconocida en ese momento, se diluyeron en la amnesia pública.

–Aquí tengo todavía la lista —me confía el expresidente López Portillo en marzo de 1999 en su célebre residencia de Cuajimalpa conocida como la Colina del Perro. La conservo en mi caja fuerte.

–¿Y por qué no la exhibe?

López Portillo medita, alza las cejas y exclama, como si se tratara de un acto de contrición:

–¡Es que algunos de los citados eran miembros de mi gabinete!

Los nombres vinieron a mi mente: Carlos Hank González, quien fuera regente de la ciudad de México durante el periodo citado y gran mecenas del expresidente y sus familiares; Jesús Silva Herzog Flores, secretario de Hacienda que poseía información confidencial sobre el desenlace inminente; José Andrés de Oteyza, secretario de Patrimonio y Fomento Industrial con grandes vínculos con los inversionistas de Estados Unidos; Jorge de la Vega Domínguez, secretario de Comercio que sobrevivió políticamente por sus nexos personales con el clan Salinas de Gortari; Pedro Ramírez Vázquez, el exitoso arquitecto responsable de Asentamientos Humanos y Obras Públicas y con gran proyección fuera de nuestras fronteras; y Rosa Luz Alegría, la amante indiscreta que le "sacó" la cartera de Turismo al presidente en una noche tormentosa.

Entre éstos, sin llegar a dudas, están algunos, quizá todos, los responsables del mayor desfalco que se recuerda contra las finanzas del país. Y ninguno ha sido llamado a juicio, ni perseguido, ni mucho menos investigado en torno a la hecatombe económica que determinó la dependencia de México y la ruina de varias generaciones de mexicanos que todavía, a dos décadas de distancia, no pueden sobreponerse a ella.

Miguel de la Madrid, invitado al último informe de gobierno de López Portillo, en donde se anunció la expropiación estatal de los bancos privados, apenas aplaudió con rutinario gesto, sin entusiasmo, sin aspavientos, sin mucho menos la euforia que invadía a los demás convocados. Y siguió la corriente sólo para ganar tiempo... a favor de los grandes capitales.

El 15 de noviembre de 1983, esto es, catorce meses y medio después de la estatización bancaria, el presidente De la Madrid convocó a los miembros de la cámara baja para aprobar la mayor indemnización pagada por el gobierno a través en la vida independiente del país. Al informar a éstos, por escrito, de la situación imperante al respecto, resumió:

> La banca nacionalizada constituye un elemento adicional en la ejecución de la estrategia de desarrollo del Estado: posibilita una mayor congruencia entre los medios y los fines de la política económica.

Con ello, el flamante mandatario simulaba respaldar la decisión histórica que jamás llegó a operar. Y fue a más:

> En la promoción del desarrollo —siguió explicando—, la banca nacionalizada permite conjugar, en su operación, los criterios estrictamente técnicos con los intereses más generales de la sociedad. Al incorporarse a las tareas del Sistema Nacional de Planeación Democrática, la banca se convierte en un ins-

trumento valioso para conducir mejor el cambio estructural y aliviar los problemas de la crisis económica, aumentando nuestra capacidad para resolverla.

López Portillo me explicó:

–Quise compensar a los mexicanos por los tremendos efectos del saqueo con la nacionalización de la banca. Lo que pasó después del primero de diciembre, cuando entregué el poder, no es responsabilidad mía.

De la Madrid, al asumir la titularidad del ejecutivo federal, pretendió ser preciso:

La banca nacionalizada —expresó contundente— será del pueblo y no de una nueva minoría de dirigentes.

¿Quién mintió? De la Madrid, al insistir en las bondades de la banca nacionalizada, comenzó a proveer a los antiguos banqueros, los grandes banqueros como Manuel Espinosa Iglesias, de BANCOMER, Aníbal de Iturbide y Agustín F. Legorreta Chauvet, de BANAMEX, entre otros, con suficiente caudal para que pudieran incluso, si lo querían, recuperar sus acciones y todavía contar con flujos oficiales importantes a lo largo de una década. Jamás hubo un negocio más redondo.

Y fue Jesús Silva Herzog, ratificado por De la Madrid como secretario de Hacienda, quien encontró la fórmula ideal para vindicar a los banqueros despojados e instrumentó el "acuerdo" respectivo:

La Secretaría de Hacienda y Crédito Público, con base en las declaraciones del Impuesto sobre la Renta, y los estados financieros y demás documentos presentados para efectos fiscales por la institución de crédito respectiva, y conforme al dictamen técnico que emita el Comité Técnico de Valuación, fijará el monto de la indemnización a pagar por cada acción expropiada, referido al día 31 de agosto de 1982.

Para ello, el titular de Hacienda precisó, en informe presentado el 15 de noviembre de 1983, es decir, la misma fecha en la que De la Madrid justificó ante los legisladores la nacionalización bancaria, los pasos a seguir para la emisión de los "bonos de amortización":

> Se amortizarán en siete pagos por anualidades vencidas, correspondiendo el inicial al primero de septiembre de 1986, de los cuales, los seis primeros equivaldrán al 14 por ciento de su valor, y el séptimo al 16 por ciento.

No se hizo así, desde luego. Hacienda actuó conforme a los requerimientos e intereses de los indemnizados y les pagó 115 mil 267 millones de pesos, equivalentes a 80 por ciento del monto global de la indemnización, considerando 41 mil 965 millones de pesos por intereses correspondientes al lapso transcurrido entre septiembre de 1982 y agosto de 1983, en sus primeras entregas. Mucho más del valor en libros de las instituciones expropiadas.

Con ello, claro, se contradijo el espíritu de la medida, descalificando a la misma, gracias a una negociación iniciada por los antiguos dueños de los bancos y el señor De la Madrid apenas dos semanas después del decreto de López Portillo. Una traición histórica jamás ventilada.

De la Madrid puntualizó en noviembre de 1983:

> La indemnización de los accionistas se ha iniciado en dieciséis instituciones de crédito: Banca Serfín, Banco Capitalizador de Veracruz, Banco Comercial Capitalizador, Banco Comercial del Norte, Banco de Oriente, Banco de Tuxpan, Banco del Interior, Banco de Monterrey, Banco Nacional de México, Banco Regional del Norte, BANCOMER, Corporación Financiera, Financiera de Crédito Monterrey, Financiera Industrial y Agrícola, Hipotecaria del Interior y Multibanco Mercantil de México.

En entrevista con Claudia Luna Palencia, mi colega y asociada, Silva Herzog Flores precisó en abril de 1999, a dieciséis años de distancia:

–Estuve en contra de la nacionalización bancaria, medida que produjo el encono de los banqueros de aquella época, sobre todo de Agustín Legorreta y Manuel Espinosa Iglesias. En esos años, BANAMEX y BANCOMER representaban 50 por ciento de la captación total, más 15 por ciento que concentraba Serfín. Tres bancos mantenían las dos terceras partes del sistema.

–Entonces, ¿cuál ha sido la banca que más ha servido a la economía del país?

–Sin duda, la etapa más importante de la banca mexicana fue la de los años previos a la nacionalización, cuando el Estado la regulaba a través de la Secretaría de Hacienda, de la Comisión Nacional Bancaria y del propio Banco de México.

El control referido por Silva Herzog proveyó a tres bancos, de acuerdo con sus propias palabras, del 75 por ciento de la estructura financiera nacional. Una relación, por decir lo menos, bastante enferma. Silva Herzog, relajado, concluyó:

–No se menciona, ni se rumora siquiera, que se hayan dado actos de deshonestidad durante el proceso de indemnización... cuando a mí, como secretario de Hacienda, me tocaba decir la última palabra. En cambio al darse la privatización se habló de todo tipo de maniobras... muchas de ellas altamente reprobables.

El punto final abre un abanico de desviaciones y decisiones sesgadas. Porque fue evidente que el giro comenzó en el instante mismo en el que De la Madrid distrajo a la opinión pública ponderando a la nacionalización mientras negociaba, a hurtadillas, la privatización de la banca sin que hubiese operado, en realidad, como parte de la estructura gubernamental. Fue una cuestión de negocios compartidos entre los banqueros y sus socios en el poder. Así nacieron las sociedades mixtas.

Rubén Aguilar, quien fuera director de Serfín hasta el sismo económico de 1982, expresó ante la conformación de la nueva casta financiera:

—Nosotros sí fuimos banqueros... y ésta es la diferencia con quienes llegaron a desplazarnos con el apoyo del aparato gubernamental.

En el círculo cercano a De la Madrid se fraguó el destino del país. Los movimientos previstos sirvieron para que la "primera familia" estableciera su propia perspectiva, paso a paso, en pleno dominio de la escena:

—Los intereses de los De la Madrid —me confía un profesional de la economía vinculado con el clan— están a la vista. Basta seguir el camino hacia el Ajusco para descubrirlo.

Y así es. Los edificios que se observan exhiben a sus dueños. Por un lado, el espléndido local del Fondo de Cultura Económica, en donde tuvo asiento el expresidente durante una década completa, y un poco más, al amparo de sus sucesores, Carlos Salinas y Ernesto Zedillo; por el otro, una torre de doce pisos que sirvió como escenario para el Grupo Financiero Anáhuac, clausurado en 1998 y constituido fundamentalmente con capitales de De la Madrid:

—Su oferta era amplísima: banco, agencia de seguros, casa de bolsa, casa de cambio, toda la gama financiera bajo los hilos del poder.

—¿Y por qué cesaron sus operaciones?

—No es sencillo ocultar, por tanto tiempo, los verdaderos veneros, los infectados, aquellos que llevan a los abrevaderos de las mafias.

La "prudencia" de los inversionistas que abren y cierran empresas o, mejor dicho, simulan quiebras a la medida de sus intereses, no es obstáculo para encontrar algunas huellas inocultables:

—Te doy un nombre: Bitar Tafich, oriundo de Torreón, Coahuila, citado como el tercero en el escalafón del cártel de Ciudad Juárez, bastión de Amado Carrillo Fuentes.

—Un nombre —interrumpo— que aparece por doquier, e incluso ha sido señalado como una de las claves para descifrar el asesinato de Luis Donaldo Colosio. Es primo, por cierto, del neoleonés Ricardo Canavati Tafich, quien se ostentó siempre como "el amigo más cercano" del malogrado candidato presidencial.

–Pues ése. No sólo existen sospechas de que usó a BANAMEX como gran "lavandería", sino también de que sus conexiones son mayores: en Buenos Aires se habla de su sociedad, hermética y sólida, con Pedro Pou, nada menos el presidente del Banco Central de Argentina y recientemente acusado de administrar dinero sucio para convertirlo en bueno.

La red Torreón-Monterrey-Buenos Aires es de tal envergadura que cuantos caen prefieren guardar silencio. Tal es el caso, por ejemplo, de Jorge Lankenau Rocha, acusado de un monumental fraude a través de su grupo financiero Ábaco Confía:

–A Lankenau —sentencia el abogado— lo han recluido en Topochico, Nuevo León, para que mantenga sellados los labios y no involucre a su gran socio, y esto lo sabemos todos: el gobernador neoleonés Fernando Canales Clariond, quien en 1997 remplazó en el cargo a su primo hermano, Benjamín Canales Clariond, integrante del mismo despacho de inversionistas.

Pero la más grave de las evidencias sobre la descomposición de la red bancaria mexicana estriba en que, a partir de las megafusiones iniciadas en 1997, la mayoría de los compradores son sospechosos de proteger los intereses de la delincuencia organizada. En este sentido se inscribe el Citigroup Inc., que absorbió a BANAMEX en una sola entrega, de manera sorpresiva, además, el 17 de mayo de 2001.

Antes de la inesperada expansión del Citigroup en México, precisamente el 27 de febrero de 2001, el conocido columnista estadunidense Tim Golden exhibió los verdaderos intereses del consorcio:

> De acuerdo con la investigación realizada por agentes estadunidenses, el Citibank pagó en Argentina a personas que posiblemente tenían nexos con el más grande traficante de narcóticos de México, Amado Carrillo Fuentes.

Lo anterior es revelador, porque exhibe el escepticismo de los analistas del exterior acerca de la "muerte" del Señor de los Cielos, lo que explicaría la persistencia de su estructura financiera, acaso la más extensa del mundo, y la colusión de la misma con los altos círculos del gobierno mexicano. Golden dice:

> En la actualidad existe un subcomité en el senado de Estados Unidos, integrado por un equipo de demócratas, encargado de investigar y cuestionar las actuaciones de Citibank relacionadas con operaciones externas. Tal es el caso de los depósitos millonarios en las Islas de Gran Caimán, sobre todo cuanto se relaciona con el M.A. Bank Ltd.

Sobre el particular, el senador Carl Levin, representante demócrata por Michigan, estableció:

> Citibank no solamente realizó operaciones de alto riesgo, sino que ahora se encuentra en una situación crítica. No sólo aceptó los depósitos del M.A. Bank Ltd., sino que los aceptó sin haberles hecho ningún tipo de investigación.

Curioso. Las autoridades judiciales de Suiza han expresado que posiblemente los depósitos detectados de la familia Salinas de Gortari en aquel país, aproximadamente 75 millones de dólares, podrían provenir "de sobornos de cárteles del narcotráfico de México y Colombia".

Y fue el Citibank, a través de la conocida promotora Amy Elliot, el banco que sirvió de plataforma a Raúl Salinas para realizar sus millonarias inversiones, sin ninguna investigación de por medio y contraviniendo las normas elementales de seguridad bancaria a nivel internacional. Otras instituciones sencillamente optaron por rechazar tales depósitos aun cuando se trataba, y he aquí lo significativo, del hermano del presidente de México.

Pero la negra historia del Citigroup en México no parte de este punto, ni mucho menos. Fue la única institución crediticia con presencia sobre el territorio mexicano que no sufrió los embates de la nacionalización bancaria en 1982, cuando el saqueo de divisas se consumó y aún así los grandes consorcios no sufrieron mella considerable.

–¿En dónde estaban —cuestioné en ocasión reciente— los dólares que fueron llevados por los "malos mexicanos" hacia el exterior? En los bancos mexicanos, naturalmente. Y ello significa que, de algún modo, éstos sufrieron merma considerable y era urgente rescatarlos.

Pese a ello, de acuerdo con las estadísticas que reconoce Carlos Tello Macías —expulsado por López Portillo de la Secretaría de Programación y Presupuesto once meses después de asumir su cargo en diciembre de 1976, y después rehabilitado como responsable del Banco de México en los meses clave de la estatización—, los principales bancos declararon importantes utilidades hasta el 31 de agosto de 1982, en pesos mexicanos y al tipo de cambio de entonces:

–El Banco Nacional de México obtuvo una utilidad de 9 mil 685 millones de pesos, BANCOMER, 2 mil 918 millones, Banco Provincial del Norte, 2 mil 804 millones, Serfín mil millones... y Citibank, a la cabeza de la banca especializada sólo 95 millones de pesos.

Estaban, pues, muy protegidos. Mientras tanto, los mexicanos desembolsábamos en serio. Durante los regímenes populistas de Luis Echeverría y José López Portillo se pagaron, en total, 56 mil millones de dólares de intereses. La deuda externa del sector público, al final del sexenio de López Portillo, era de 58 mil 874 millones de dólares, apenas un poco más de cuanto se había cubierto, en doce años, para satisfacer al agio internacional. Pero fue después cuando se rompió el equilibrio y toda desproporción tuvo asiento:

–En el periodo de Miguel de la Madrid, la deuda pública ascendió a 81 mil millones de dólares... pero se pagaron, en sólo seis años ¡101 mil 552 millones de dólares por concepto de réditos! Esto es aproximadamente 25 por ciento por arriba de lo adeudado por nuestro gobierno que no pudo amortizarse ni siquiera por la puntualidad de los pagos.

Y la tendencia siguió imparable:

–Con Carlos Salinas, la deuda del sector público llegó a los 85 mil 435 millones de dólares pero se pagaron, por servicio, 124 mil 988 millones; y con Ernesto Zedillo, lo adeudado sumó, al final del sexenio, 90 mil 160 millones aun cuando se cubrieron por intereses ¡186 mil 839 millones de dólares!

A esto, en lenguaje oficial, se le llama una "economía sana, ordenada y eficiente" habida cuenta que, en distintas etapas, los términos "renovación", "renegociación", "redistribución", etcétera, sirvieron para contrarrestar a la "mala publicidad" por la debacle financiera nacional con aliento de los grandes acreedores. Además, la insistencia en el prefijo "re" es huella del paso de los grupos favorecidos por De la Madrid, acaso como una deformación cultural de este exmandatario.

De la mano del endeudamiento crece la dependencia. Si bien es cierto que la administración de Echeverría suscribió la primera "carta de intención" con el Fondo Monetario Internacional (FMI), tras la tremenda fuga de capitales de 1982, aproximadamente 40 mil millones de dólares (equivalentes a la mitad de la deuda general del país reconocida entonces), cuyos desenlaces fueron la nacionalización bancaria y el control de cambios, las condiciones se extremaron. El 10 de noviembre de 1982, el secretario de Hacienda, Jesús Silva Herzog, y el gobernador del Banco de México, Carlos Tello, enviaron una misiva urgente a Jacques de Larosière, director gerente del FMI en tono lastimoso:

> En apoyo del programa de política económica delineado en párrafos anteriores, el gobierno mexicano solicita, por medio de la presente, acceso a los recursos financieros del Fondo Monetario Internacional a que tenga derecho dentro de un programa de apoyo financiero externo más amplio que permita cubrir los requerimientos de divisas del país. Dentro de este programa el apoyo del Fondo sería por el equivalente a 450 por ciento de la cuota de México a ese organismo...

Con tales candados, de hecho, el gobierno de la República perdió la rectoría en materia económica. Nada menos. Luego vino el revire histórico, casi de inmediato, a favor de la reincorporación del sector privado a la estructura bancaria, primero mediante sociedades mixtas, en 1983, y después con la desincorporación total, en 1991, bajo el mandato de Carlos Salinas.

Fue entonces cuando las alianzas se consolidaron. Jorge Lankenau, desde su celda en Topochico, señala a Guillermo Ortiz Martínez, subsecretario y secretario de Hacienda en los años clave y después gobernador del Banco de México, como el operador que tasó a los hombres, esto es, a los socios, y creó una estructura de controles para usarlos y desecharlos según corrieran los tiempos:

–A mí —explicó Lankenau— me persiguió ferozmente en cuanto me negué a vender mi grupo, Ábaco Confía. No tenía por qué hacerlo... y me llovieron las auditorías.

Confirma la tesis lo dicho por otro conocido banquero, cuyo nombre omito porque revelarlo podría ser pretexto para su linchamiento financiero:

–A cada uno se asignó un banco casi de manera discrecional.

–¿Y las subastas de ley?

–Formulismos, nada más. Nos dijeron: éste es el tuyo y punto. Por eso, cuando pretendí crecer y pujar para adquirir Serfín la reacción fue tremenda.

Ortiz Martínez, claro, tenía otros planes a favor de la "nomenklatura" financiera:

–¿Y para qué quieres Serfín? —replicó, furioso, cuando el banquero le explicó sus planes. Con lo que ya te dimos tienes que conformarte. Lo demás es asunto nuestro.

Por supuesto, no hubo manera de replicarle. Y de esta manera, Serfín tuvo que ser rescatado ¡seis veces! como consecuencia de la deplorable administración de Adrián Sada, uno de los grandes favoritos del doctor Ernesto Zedillo, débil ante los hombres de cierto perfil. Para nadie fue un secreto la cercanía de Sada con Zedillo:

–Podía entrar —Sada— cuantas veces disponía a la residencia de Los Pinos. Ni se anunciaba.

La confidencia, de uno de los ujieres del exmandatario, es reveladora, porque exhibe las prioridades reales de quien ejerció el poder con los tradicionales signos autoritarios, aun cuando se presentara como lo contrario para alcanzar la justificación final tras la derrota de su partido en julio de 2000.

(Un elemento del Estado Mayor me confió que el doctor Zedillo, durante los años finales de su mandato, no dormía bien:

–Con frecuencia bajaba, en bata, a la cocina y se preparaba sus propios omelettes en la madrugada.

En una ocasión nuestro relator intentó ayudarlo y Zedillo no lo dejó:

–Es que esto me relaja —explicó el "jefe de las instituciones nacionales".)

Sin concurso alguno, salvo para disimular las decisiones tomadas, Ortiz Martínez, el gran intocable cuya prolongación estratégica como responsable del Banco de México se debió al imperativo de mantener las influencias del grupo dominante, determinó, en mancuerna con Jacques de Rogozinsky, director de la oficina encargada de la desincorporación bancaria en 1991, el destino, los montos y la fuerza de los banqueros.

El comunicador José Gutiérrez Vivó relató, a través de los micrófonos de *Monitor* de Radio Red, los términos de una singular conversación sostenida con Ortiz Martínez en Tokio:

–Me lo encontré por casualidad —comentó Gutiérrez— en una concurrida calle de la capital japonesa.

Ortiz, subsecretario de Hacienda en los prolegómenos de la privatización, le soltó a bocajarro:

175

–¿Qué le parecería que Roberto Hernández se quedara con BANAMEX?

Gutiérrez, perspicaz, respondió con otra interrogante:

–¿Cómo? ¿No van a celebrarse las subastas?

El funcionario, sin perder el paso, esbozó una mueca y apuró a Gutiérrez Vivó:

–Bueno, sí... pero estaría muy bien, ¿verdad?

Y, desde luego, Roberto Hernández Ramírez gozó de todas las ventajas para adquirir uno de los bancos mexicanos con mayor solvencia, en una etapa durante la cual los financieros y quienes ejercían el poder estaban fuertemente coludidos.

–¿Sabes cómo se ampliaron, de verdad, los grupos financieros? —me interroga un hombre de empresa que fue llamado para adquirir acciones del Banco de Crédito Hipotecario (BCH).

La trama fue muy sencilla: Carlos Cabal Peniche, el accionista mayoritario, afín a dos familias poderosas, los De la Madrid y los Salinas, citó en Guadalajara a los interesados:

–Fuimos quienes integrábamos la región occidental. Y nos hospedamos en el hotel Quinta Real, apartado sólo para nosotros. No había límites de ningún género. Ni en comida ni en bebidas... ni en nada.

Los convocados recibieron una espléndida bienvenida. Luego del generoso coctel, salpicado con champaña de la buena, cada uno se retiró a la habitación correspondiente.

–Cuando abrí la puerta —cuenta nuestro informante—, encontré a una joven edecán, alta y bellísima, acomodando mi ropa. Creí, por la hora y los efectos de los amables licores, que me había confundido.

Pero no. La joven acompañante, de corte perfecto, le dijo:

–Me han asignado a su servicio. Es parte de las cortesías especiales para el grupo.

–Bueno... veo que ya arregló mis cosas. Se lo agradezco.

–¿Algo más? —preguntó con un aire de inocultable seducción.

–No por el momento. ¿Nos vemos mañana?

176

–Me parece —insistió la muchacha— que no me ha entendido. Estoy a su servicio de día y de noche. ¿O es que no le agrado?

Desde luego, ninguno de los invitados desairó la oferta. Y así durante tres largas jornadas en las que poco se informó sobre los avances e inversiones del banco. Cabal Peniche, durante la bienvenida, explicó:

–No enfrentamos riesgo alguno. Lo que requerimos es su anuencia para invertir. Y si no cuentan con capital en este momento, nosotros les otorgamos una línea de financiamiento suficiente.

Era evidente que se buscaba contar con aliados y nombres, más que con accionistas, para cubrir las apariencias:

–Los montos que nos ofrecieron rebasaban —prosigue nuestra fuente confidencial—, en muchos casos, la capacidad de endeudamiento de quienes estábamos allí. Eran créditos blandos, absolutamente garantizados a través de las acciones que nos ofrecían. En pocas palabras, el banco nos prestaba para que lo compráramos.

–¿Y qué sucedió?

–El día de la clausura del evento, y cuando todos ya nos habíamos comprometido, Cabal dio marcha hacia atrás.

El personaje, favorito del régimen en materia financiera, se limitó a anunciar:

–Por el momento tendremos que esperar. No será mucho, creo. Quedan suspendidas nuestras operaciones. Les agradezco su paciencia e interés. Nosotros les volveremos a llamar.

Y no explicó nada más a sus virtuales socios:

–Fue como un balde de agua helada —concluye el relator. Ya habíamos hecho cálculos, nos sentíamos eufóricos. De pronto, todo el panorama cambió.

Poco después comenzó la persecución contra el grupo de Cabal Peniche que culminó con la aprehensión de éste en Australia en 1998. Y se mantuvo, por un buen rato, librando juicios de extradición y ganando juicios de amparo ante los tribunales mexicanos. El abogado de Cabal, Alberto Zinser, explica al respecto:

–Las trece órdenes de aprehensión por cargos financieros contra el señor Cabal no podrán ser ejecutadas porque los jueces de amparo han concedido las respectivas suspensiones temporales. Cabal no podría ser arrestado por éstas en caso de que regresara a México. Además, las causas que penden sobre el personaje son consideradas "no graves" y, por ende, no se requiere que Cabal sea llevado a México en custodia. (En agosto-septiembre de 2001 veríamos cumplirse tales pronósticos más o menos así.)

La negligencia de las autoridades judiciales, encabezadas por quien ocupó la titularidad de la PGR durante el lapso final del sexenio zedillista, Jorge Madrazo Cuéllar, tuvo origen en razones políticas perfectamente fundamentadas:

–Sucede que aporté —declaró Cabal en Australia— 25 millones de dólares para la campaña presidencial del PRI en 1994 (esto es, después de consumado el asesinato de Luis Donaldo Colosio en marzo de ese año).

Aun cuando las revelaciones del llamado "Rey Midas del salinismo" fueron contundentes, el Instituto Federal Electoral se negó a investigar cuanto se relacionó con el origen de las cuantiosas inversiones proselitistas del PRI, tanto a nivel federal, como con relación a la contienda electoral de ese mismo año en Tabasco, feudo principal de Cabal. Y ello a pesar de que éste aceptó que tales faltantes se habían cubierto con recursos provenientes del Fondo Bancario de Protección al Ahorro (FOBAPROA) cuyo desenlace fue escandaloso.

Roberto Madrazo Pintado, quien obtuvo la gubernatura de Tabasco tras unos comicios rebasados por la derrama financiera derivada de las aportaciones de Cabal, me dijo:

–Todo está debidamente amparado en fideicomisos completamente legales. No sé si en la esfera federal pueda decirse lo mismo.

Con ello, claro, pretendió descalificar al presidente Zedillo, cuya exaltada legitimidad quedó en suspenso al momento de exponerse públicamente la utilización de dinero sucio durante su corta campaña, esto es, de marzo a julio de 1994. Y en la misma línea, Gerardo de Prevoisin, exadministrador de Aeroméxico, reconoció en 1998 desde su prisión en Niza, Francia, haber aportado 8 millones de dólares y 1,500 boletos de avión, amén de una aeronave, para la campaña presidencial priísta.

Dio la impresión de que a Cabal, a cambio de su silencio, se le dejó por un buen rato en manos de las autoridades australianas. Por ello también, el exprocurador Madrazo, siguiendo la consigna presidencial, optó por mantener las cosas como estaban, sin promover con corrección legal los juicios de extradición respectivos. Un trueque político-financiero de la mayor importancia.

Pero ¿por qué cambiaron los vientos y los consentidos se convirtieron en perseguidos? Se lo pregunté a Jorge Lankenau Rocha y me dijo por vía telefónica:

–Íbamos bien, muy bien... hasta que comenzaron las presiones de Guillermo Ortiz. Quería que vendiéramos. Y no queríamos. El plan era, desde luego, extranjerizar la banca.

Primero, el saqueo de divisas en 1982; luego, la nacionalización bancaria que toma por sorpresa sólo a los incautos y únicamente perdona al Citigroup; más adelante, las sociedades mixtas que permiten a los hombres del poder aliarse con los grandes financieros; tiempo después, la privatización, por decisión de Carlos Salinas, y el surgimiento de una nueva casta de banqueros favoritos; y, finalmente, la tendencia hacia la extranjerización con ofertas que hubieran sido impensables en otros tiempos. Y siempre ganaron los mismos.

El 15 de febrero de 1988, en el diario *El Economista,* mi colega Claudia Luna Palencia publicó sendas entrevistas con los directores generales de los grupos financieros BANAMEX-ACCIVAL y BANCOMER, Roberto Hernández y Ricardo Guajardo Touché, respectivamente. El primero expresó:

–Sólo existen dos opciones para los bancos mexicanos: la extranjerización o la presencia de pocos jugadores bancarios locales. Pero las autoridades deben definir qué tipo de sistema y de modelo de banca se requiere y se puede tener para el desarrollo del país antes de llegar a las megafusiones.

Guajardo Touché, por su parte, puntualizó:

–En México necesitamos restablecer primero la salud del sistema financiero. Si dentro de unos años en México hay una gran participación de la banca extranjera, quizá le llegue el momento a BANCOMER, para sobrevivir, de dar el paso.

No pasó mucho tiempo. BANCOMER tuvo que fusionarse con el Banco Bilbao Vizcaya-Argentaria apenas dos años después, y luego de una puja tardía de BANAMEX por adquirirlo cuando el concurso ya había sido ganado por la institución española. Por su parte, BANAMEX fue absorbido por Citigroup en mayo de 2001.

En el deslinde de los hechos, Jesús Silva Herzog Flores quien, según dijo, no coincidió con la medida de nacionalizar la banca en 1982 aun cuando ocupaba la cartera de Hacienda, fue concluyente en marzo de 1998:

–Si el gobierno toma la decisión de extranjerizar la banca será un grave error histórico.

Mientras el paso se daba, los banqueros supieron dónde invertir sus utilidades, ganando controversias y al amparo del poder presidencial:

–Se las llevaron (sus ganancias) a Gran Caimán —explica Claudia Luna— en donde el régimen fiscal para ellos es privilegiado.

Al mismo sitio en donde se han situado, bajo las mismas reglas de la distensión tributaria, los mayores flujos de dinero sucio, buena parte de los mismos bajo la administración del trasnacional Citibank cuya aureola, en suelo mexicano, parece invencible. Recuérdese que a BANAMEX también se le mantuvo bajo investigación por la sospecha de que promovía el lavado de dinero gracias a la redituable sociedad de sus cómplices políticos. Ahora BANAMEX y Citibank son, en México, la misma cosa, gracias a la más insólita de las megafusiones.

En el boletín de *The Narco News* se difundió, a principios de

2001, un reportaje con un titular escandaloso: "Citibank implicado en el lavado de dinero para la campaña de Vicente Fox".

La denuncia, similar a la formulada seis años atrás contra el expresidente Ernesto Zedillo, quien optó por evadirse sin dar respuesta precisa, se basa en la exhibición de diversos documentos comprometedores, incluso varios cheques, que supuestamente concentran los recursos sucios enviados para el proselitismo de Fox a lo largo del proceso electoral. Y se explica bajo el título genérico: "La ruta de los recursos":

> Valeria Korrodi Ordaz concentra aportaciones de empresas estadunidenses en la cuenta 3039579 del Bank of the West en El Paso, Texas, y transfiere los recursos a Carlota Robinson Kauachi a la cuenta 50323 de Ixe Banco, S.A., sucursal Insurgentes WTC en la ciudad de México.
> Posteriormente los fondos son enviados a TV Azteca, S.A. de C.V. y a otras empresas para cubrir gastos de la campaña de Fox.

Según el boletín, el presidente Fox intentó justificarse cuando fue cuestionado al respecto:

> Los cheques son reales, pero ningún centavo ha salido del país. Son donaciones de la gente, profesionistas y hombres de negocios.

Pese a ello, la publicación puntualiza:

> Envueltos en la ruta oscura del lavado de dinero se encuentran el Citibank de Nueva York, implicado con la familia Hank y la familia Salinas en diversos escándalos de lavado de dinero que involucran a The Bank of the West de El Paso, Texas [...]

Quizá por ello, Carlos Hank González confió, desde su rancho Don Catarino, en mayo de 2001:

–Si le va bien a Fox... nos va bien a todos.
El desenlace es imprevisible. *The Narco News* concluye:

El encargado de las finanzas de la campaña de Fox, Lino Korro-
di, hermano de Valeria, fue jefe de Fox en la empresa Coca-Cola en México, y también se desempeñó en las compañías K-beta,
Grupo Alta Tecnología en Impresos, y ST and K de México.

Y queda al descubierto el blanco:

También se corroboró que el grupo Amigos de Fox recibió
una transferencia de 33 mil 690 dólares del Citibank de Nueva York destinados a la campaña y a la organización de las
"empresas de Fox". Y no hablamos de un circo.

En la mira de quienes le siguen la pista al dinero sucio sobre-
salen varios de los nombres citados: Roberto Hernández, quien vendió BANAMEX; Ricardo Salinas Pliego, el hombre fuerte de TV Azteca,
e incluso el expresidente Ernesto Zedillo Ponce de León, conectado
con ambos.
–El año pasado —alega Andrés Manuel López Obrador en su
despacho de la jefatura del gobierno del Distrito Federal el primero de
mayo de 2001—, se pagó a diez banqueros, los principales, 67 mil millones de pesos por concepto de intereses. El presupuesto para aten-
der a la ciudad más grande del mundo es de 65 mil millones de pesos,
2 mil millones menos.
Intentemos, por una vez, que la historia no la escriban los vencedores.
–¿Quiénes fueron los banqueros ganadores? —pregunto a una
especialista. ¿Sabes los nombres de cuántos lograron sobrevivir a pesar de los sacudimientos?
–Sí. Es fácil: Roberto Hernández y Alfredo Harp Helú; Eugenio
Garza Lagüera y Ricardo Guajardo Touché; los Hank Rhon, accionis-

tas del Grupo Financiero Inbursa; y Roberto González Barrera, conocido como el Maseco y presidente del consejo de administración del Grupo Financiero Banorte.

Pero entre todos, quien manejó el vehículo financiero político que aún conserva el liderazgo de la justa en pos del control bancario es, sin duda, Guillermo Ortiz Martínez, instrumentador, operador, regulador... y cómplice.

–Él también —sentencia nuestra fuente— es el eje sobre el que giran los grandes socios del sistema.

El círculo se cierra; el rompecabezas también.

Los socios

–¿Por qué dice usted que soy socio de Carlos Salinas? Mis empresas las hice a pulso, sin descanso.

Carlos Slim Helú, considerado el latinoamericano más rico y uno de los mayores millonarios del mundo, exitoso por los cuatro costados, parece relajado. Dicen que 1996 es el año de la recuperación y él, privilegiado, retorna de un largo periplo por Europa en el que acompañó al presidente de México, Ernesto Zedillo Ponce de León.

–¿Me permite? —interroga, cortés, al tiempo que se quita el saco y se arremanga la camisa de seda. Me lastimé jugando con el presidente y tengo que ponerme esta pomada.

En confianza, vamos, aunque jamás hubiese cruzado antes palabra alguna conmigo. Nos medimos de lejos. En octubre de 1993, por ejemplo, cuando su cadena de tiendas-restaurante con el emblema de los tecolotes optó por no vender *Presidente interino*, historia novelada en torno al perfil criminal de Carlos Salinas. Fue entonces cuando, siguiendo la moda de los tianguistas, me animé a promover mis libros en la calle... exactamente enfrente de algunas de las sucursales de Slim.

–¡Qué barbaridad! —exclama, de pronto, el empresario. Olvidé solicitar la nota... y es deducible de impuestos.

–¿Por una pomada? Además usted la compró en Sanborns, ¿no? No va a decirme que le cobraron...

–Por supuesto que sí. Muchas veces acudo a las cafeterías de incógnito y no sólo para leer los periódicos. Así le tomo el pulso, directamente, a los negocios.

De acuerdo con la revista *Forbes*, especializada en el tema, Slim posee una fortuna personal que ronda los 8 mil millones de dólares gracias a la solvencia de su empresa Carso, con la que opera a uno de los gigantes de las comunicaciones en el continente: TELMEX.

–Lo de *Forbes* —sentencia Slim sarcástico—, me resulta muy estimulante.

México, por cierto, aporta a la lista de multimillonarios a once de sus más destacados hombres de empresa, casi todos ellos identificados con alguno de los mandatarios predadores.

–Yo no soy socio de Salinas. Gané la subasta de TELMEX en buena lid y porque mi oferta fue mejor. Todo lo demás es falso.

Sin embargo, la primera mujer del exmandatario, Cecilia Occelli, no paró hasta asegurar su porvenir cuando el divorcio fue inevitable. Y hay versiones de que recibió, como compensación, un buen porcentaje de acciones de Sanborns, una de las empresas del exitoso grupo Carso.

Slim, no obstante, desmiente la historia. De nuevo converso con el poderoso empresario el martes 19 de junio de 2001:

–La señora Occelli es muy buena persona y yo la estimo. Pero no es mi socia, ni cuenta con acciones de Sanborns. ¿Por qué lo dice?

–¿No fue parte del arreglo para firmar el divorcio con Salinas?

–Mire usted: desde que dejó la presidencia, Salinas sólo se ha comunicado conmigo dos veces: una para preguntar por mi salud cuando me intervinieron hace unos años; y la segunda después de la muerte de mi mujer, Soumaya.

–Simples cortesías, nada más.

–Lo que pasa es que siempre me quieren asociar con los presidentes. Con Echeverría, Salinas y Zedillo, por ejemplo. Al rato van a decir lo mismo de mi relación con Fox.

–¿Y no es así?

–No —contesta Slim secamente. ¿Cuánto dura cada presidente?

–Seis años en su encargo.

–Pues mi visión es a más largo plazo. No me convendría asociarme con quien tiene una vida pública de sólo seis años. Los empresarios debemos pensar a futuro, siempre.

–Pero no me negará usted que hay quienes se aferran al poder presidencial para despegar económicamente. Carlos Cabal, por ejemplo.

–Bueno... pero yo soy empresario, no político.

–¿Le disgusta la política, señor Slim?

–No. La conozco, pero no me involucro en ella.

Slim reconoce, eso sí, tener una relación permanente con quienes desempeñan la titularidad del ejecutivo:

–Con Salinas me reuní varias veces a comer; lo mismo con Zedillo... pero eso no significa que sean mis socios.

–¿Y con Fox?

–También he comido con él. Me invitan y acepto.

–Más con Salinas, desde luego.

–¿A dónde quiere llegar, Rafael?

–A que me diga, de plano, cuánto le debe a los distintos mandatarios.

La historia del grupo Carso —el nombre se forma con las tres primeras letras de su nombre y las dos primeras de su difunta esposa—, despeja cualquier duda. Mi padre fue un libanés que le apostó fuerte a México en el periodo posrevolucionario. Incluso fundó dos empresas en septiembre de 1919.

–Es decir, cuando otros todavía corrían para protegerse.

–Nos quedamos en México. Además, ¿por qué se sorprende de que yo tenga un discurso nacionalista? Éste es mi país y no tengo otro.

–Veamos el contexto, señor Slim: usted se pronunció a favor de gravar los capitales extranjeros en el mercado bursátil, ¡cuándo usted invierte fuera de México! Una especie de autogol.

–Es que no estoy de acuerdo con la tendencia hacia la extranjerización; la de los bancos, por ejemplo.

–¿Le molesta?

–Lo que de verdad me molesta es que se privilegie a los de fuera.

–En fin, señor Slim. ¿Nada con Salinas?¿Ni siquiera para la adjudicación de TELMEX?

–He demostrado que se favoreció a mi competidor.

–Pero usted ganó finalmente.

–Porque no me dejé. Pero usted todavía cree que la señora Occelli es mi socia.

–Yo le pregunté y usted ya contestó, don Carlos.

(Un ujier del Estado Mayor Presidencial, con las grabadoras apagadas claro, me dio una versión que confirma cuanto ya sabíamos sobre la vida personal del polémico expresidente Salinas:

–No una, varias veces, escuchamos los gritos de la señora Occelli. El jefe la maltrataba y le ofendía de palabra, a gritos. Y llegó a golpearla y arrastrarla jalándola por los cabellos.

–Pero ¿por qué?

–La señora le reclamaba sus infidelidades. Y el patrón reaccionaba furioso. La maldecía y le gritaba: "¿No te das cuenta de que soy el presidente?".

Cuando se consumó la separación definitiva en 1995, por cierto con la intervención del entonces gobernador de Veracruz Patricio Chirinos Calero —los trámites respectivos se hicieron en los juzgados de Xalapa para evitar escándalos y no dejar huellas—, el exmandatario sólo reclamó su preciada biblioteca, una de las grandes obsesiones de cuantos han disfrutado de la primera magistratura. José López Portillo, como muestra, se enorgullece de conservar más de 45 mil volúmenes en su residencia de Cuajimalpa.)

Slim podría haberle ofrecido o no a su amigo, Carlos Salinas, la salida para deshacer el vínculo civil con la señora Occelli; pero no hay duda de que fue el mayor amortiguador, dadas sus conexiones y controles, para evitar el linchamiento contra el exmandatario aun cuando éste insiste, en el verde mamotreto de su autoría, en culpar a su sucesor, Ernesto Zedillo.

–Mire usted —me explicó Slim en 1996—, cada peso supe ganarlo. Observe esa libreta. La llené cuando era yo niño. Ábrala y entérese.

Y leemos una de las primeras páginas. Es una especie de pagaré en el que se asienta que el niño Carlos Slim, de apenas siete años, le presta a su madre unos pesos "a un interés más bajo que el bancario" por tratarse de ella, claro. Los formalismos sorprenden en una operación casera, en apariencia, pero sólidamente ligada al concepto de obtener ganancias... hasta por las urgencias caseras.

–El apunte sirve —le digo a Slim en junio de 2001— para una buena autobiografía.

–Ya llegará el momento...

–¿Nunca ha fracasado, señor Slim?

Divaga unos segundos. Inhala el humo de su Cohiba —en su despacho destaca el humidificador de habanos a unos cuantos metros de una reproducción original de *El beso* de Rodin—, y contesta muy serio:

–Sí. Lamentablemente no pude impulsar la exportación de flores mexicanas.

Los socios. Ninguno de ellos se hubiese hecho rico sin la anuencia de la alta clase política. Alguna vez, un político yucateco, Jorge Carlos González Rodríguez, quien llegó a ser presidente del PRI estatal en la década de los setenta, sentenció:

191

–La clave de la estabilidad nacional es que quienes detentan el poder económico no tengan nunca el político...

La afirmación puede sonarnos ingenua al paso del tiempo. Sobre todo porque en la llamada "etapa posrevolucionaria" las grandes fortunas se forjaron bajo el dominio del poder político. Adolfo López Mateos, presidente de México de 1958 a 1964, solía decir:

–Ningún hombre de empresa puede sobrevivir alejado del poder político.

Los momios cambiaron al paso de la tecnocracia y el neoliberalismo. Porque, en la perspectiva final del segundo milenio, ningún presidente hubiera podido salir adelante sin la complicidad de quienes detentan el poder económico.

Pedro Aspe Armella, titular de Hacienda durante el salinato trágico, contó a sus discípulos del Instituto Tecnológico Autónomo de México (ITAM) su experiencia horas después de consumarse el atentando contra Luis Donaldo Colosio en marzo de 1994:

–¿Por qué no hubo pánico? Les dije a los empresarios prominentes que era la hora de coadyuvar... y lo entendieron.

Desde luego, el influyente secretario olvidó mencionar un elemento de enorme importancia: insinuó que el gobierno podría presionar a punta de auditorías. Y los primeros en sumarse a la última etapa de la "solidaridad", el adjetivo empañado por el salinismo, fueron los copiosos miembros de la comunidad judía en México. El círculo se cerró, desde luego, con el oxígeno financiero enviado desde el Departamento del Tesoro estadunidense, en buena parte gracias a la singular previsión de Aspe. ¿Algo esperaba?

Pasan los sexenios, llega la alternancia, se anuncia el cambio político más relevante de los últimos tiempos y, sin embargo, los socios permanecen. Ni siquiera se conmueven con los encendidos discursos que saludan el fin del viejo régimen. Roberto Hernández Ramírez, por ejemplo, conoce el secreto: beneficiado con la privatización bancaria, impulsado por Guillermo Ortiz, quien le puso en bandeja de plata BANAMEX, uno de los dos bancos más solventes del país, logró una plena identificación con Ernesto Zedillo.

–Ésta es tu casa, Ernesto —ofreció Hernández al presidente Zedillo cuando decidió vacacionar en la hacienda Temozón Sur, en Yucatán.

El mandatario llegó al lugar en compañía de los esposos Alejando Patrón Laviada, hermano del panista Patricio que ganó la gubernatura de Yucatán en mayo de 2001, y Pilar Cervera Hernández, la hija de Víctor Cervera, el gran cacique de la península. El encuentro, de hecho, no sólo sirvió para el relajamiento presidencial, en un sitio no cercano a los arrecifes que tanto gusta de explorar Zedillo, sino para acercar a quienes habían disputado las viejas y todavía monumentales haciendas del Mayab para convertirlas en atractivos de gran turismo.

–Zedillo fue a bucear después —me explicaron en Yucatán— con uno de sus acompañantes inseparables: Guillermo Ortiz.

Los favores se pagan. El régimen de Zedillo, a través del Fondo Bancario de Protección al Ahorro (FOBAPROA), rescató a BANAMEX, uno de cuyos principales accionistas era Roberto Hernández, de un quebranto momentáneo —de 3 mil 500 millones de dólares— y le facilitó recursos suficientes para que pudiera competir, en 2000, para la adquisición de BANCOMER aun después de que el español Banco Bilbao Vizcaya-Argentaria (BBVA) había ganado el concurso respectivo:

–Tendrán que respetar lo acordado —clamaron los directivos del BBVA. No cederemos.

Como argumento, Hernández insistió en que era mejor, mucho mejor, que BANCOMER se quedara en manos de mexicanos. Un año más tarde, BANAMEX acabaría por sumarse a la moda de la extranjerización, al fusionarse con el Citigroup. Y en ese entorno, el propio Roberto Hernández declaró ufano:

–Voy a invertir mi parte —aproximadamente 6 mil millones de dólares por la venta del banco— en el sector eléctrico.

Y ello a pesar de que aún no culmina la desincorporación del mismo y el gobierno de Vicente Fox sostiene que no lo hará a corto plazo. Pero Hernández tiene otros planes, incluso superiores a las decisiones del congreso y a los fundamentos ideológicos del régimen foxista.

En materia de alianzas es necesario indagar en terrenos poco usuales:

—Sigue la senda del hipódromo —me aconsejó un asiduo asistente al Turf Club del renovado óvalo de la ciudad de México. Como los caballos no hablan...

Es conocida la historia de Raúl Salinas de Gortari quien, asociado con Justo Fernández, el veracruzano que mantiene su redituable sociedad con Miguelito Alemán Velasco, gobernador y empresario, fundó una cría de caballos pura sangre, adquiridos en Kentucky y adaptados en el rancho Las Mendocinas en el valle poblano. El amor de los Salinas por las jacas de registro data de muy atrás, cuando Carlos, el más inquieto, participó en los Juegos Panamericanos de Cali en 1971 y obtuvo para México una medalla de bronce en equitación.

—Fue en ese tiempo —recuerda un experto en cuestiones olímpicas— cuando Carlos Salinas se excedió en maltratos con uno de sus caballos que no respondió en las finales. Y acabó disparándole a la sien.

—Perdió los estribos, literalmente.

—Sí... y el teniente coronel encargado de la cuadra, sin poderse contener, abofeteó al joven Salinas delante del resto del equipo. No se ha vuelto a saber de él.

Por la misma época, los Salinas consolidaron su relación con el caballista Fernando Senderos quien, a la vera del poderoso clan, reunió una de las mayores fortunas del país al frente del grupo Desc, que abarca desde la fabricación de autopartes hasta el tratamiento de los derivados del cerdo y el camarón —Desc Food—, un rubro que lo conecta con la sociedad de Carlos Cabal y Federico de la Madrid en la sonda de Campeche. La compañía de Senderos es considerada una de las cien mayores del país.

Como deportista, Senderos también alcanzó la gloria en los Panamericanos de México en 1975, cuatro años después de la participación de Salinas. En el periódico *The Equestrian Times*, se cuenta parte de la historia:

> Jet Turn, de siete años —una de las jacas de mayor precio y adquirida a Bernie Traurig—, fue vendida a México y montada por Fernando Senderos quien obtuvo, con su cabalgadura, la medalla de oro en las pruebas de equitación en 1975.

Los caballos bien tratados son, sin duda, los ganadores. Sólo éstos. Ni quien se acuerde de la tragedia, en 1991, de la cuadra del banquero José Madariaga Lomelí, entonces presidente de la Asociación de Banqueros de México, cuando el avión que la transportaba cayó sobre la carretera México-Toluca, por el rumbo de Cuajimalpa. Pesadillas perentorias.

Y jinete también es Alfonso Romo Garza, nacido en la ciudad de México en 1950, aunque formado académicamente y como empresario exitoso en Nuevo León: es el fundador de Pulsar Internacional y de Savia con participación trascendente en 110 países en los ramos industrial y financiero. Y entre todos sus amigos destaca, claro, Vicente Fox.

–¿Has visitado la pastelería Romo? —me preguntan en Monterrey. Porque ahí está el origen de la fortuna de don Alfonso.

Cuentan que, durante una conferencia en el Instituto Tecnológico de Monterrey, Romo Garza se refirió a los orígenes de su trayectoria empresarial:

–Toda mi fortuna —subrayó— comenzó con un pastel.

Entre los asistentes sonó la voz de un norteño implacable:

–Sí, desde luego. ¡Con tu pastel de boda!

Y es que Romo supo matrimoniarse muy bien... con la hija de Eugenio Garza Sada, cuyo dinamismo se volcó sobre la industriosa capital de Nuevo León hasta su alevoso asesinato en septiembre de

1973. Todos los descendientes de don Eugenio, compensaciones al fin, accedieron a posiciones relevantes. Su primogénito, Eugenio Garza Lagüera, fue el principal accionista de BANCOMER hasta la fusión de éste con el BBVA; y Adrián Sada, cuya conducción llevó al Grupo Financiero Serfín a la quiebra seis veces para ser rescatado otras tantas por el FOBAPROA, gracias a la entrañable amistad de Ernesto Zedillo, vive bien a expensas de sus réditos.

—Garza Lagüera —asevera una periodista de la fuente— da la impresión de estar todo el tiempo fuera de sí. No entiende. Quizá sea el efecto de los estimulantes.

Pero eso no fue obstáculo para que fuera uno de los inversionistas más felices cuando los bancos retornaron al sector privado, con el aval claro de Guillermo Ortiz Martínez, el gran superviviente de tres sexenios quien ideó el andamiaje para controlar a los grandes socios. Y de la misma familia desciende Romo Garza, quien fundó su empresa más sobresaliente en 1991, y en sólo una década, al amparo de sus buenas relaciones con la cúpula del poder político, la proyectó como una de las mayores de América Latina.

—Su capital contable asciende a 22 mil 72 millones de pesos, con activos de 49 mil 361 —rezan las estadísticas oficiales. Tiene ventas por 25 mil millones de pesos al año y dirige a 13 mil 604 empleados.

Le va bien, desde luego. Más aún desde el momento mismo en que Vicente Fox, a quien promovió sin descanso e incluso financió, enfiló hacia Los Pinos. Bien se sabía desde entonces que sería una de las figuras sobresalientes del régimen inaugurado en 2000. Y así fue desde el momento mismo en que compartió con Carlos Slim, entre otros, el honor de ser designado consejero de la paraestatal PEMEX, un señalamiento poco feliz porque jamás trascendió a la práctica.

—Romo tiene una influencia relevante —enfatiza un abogado con conexiones en el sector financiero. De él partió, y de nadie más, la iniciativa para incorporar al gabinete a Francisco Gil Díaz, de extracción salinista —fue subsecretario durante aquel lapso—, como titular de Hacienda y Crédito Público.

–Bueno, creímos que la recomendación la había dado Pedro Aspe —interrumpo—, superior de Gil durante el régimen de Carlos Salinas.

–¿Y para quién trabaja Aspe? Pues para Romo, quien le incorporó, luego de su salida del sector público, a Seguros Comercial América, la mayor empresa en su género y uno de los pilares del grupo Savia.

Aspe, por cierto, no aceptó avalar la versión de Salinas sobre las verdaderas causas de la debacle económica conocida como "el error de diciembre", en 1994, que hundió al expresidente en el desprestigio y descapitalizó a millones de mexicanos que habían caído en el garlito del "segundo milagro" promovido a instancias de aquella deplorable administración. Contó, eso sí, a sus alumnos del ITAM, en cuya cátedra se refugió tras dejar la cartera ministerial en manos del limitado Jaime J. Serra Puche —llamado Jaijo por sus amigos con ánimo de calificarlo como un "lelo"—, una versión que no tiene desperdicio:

–Rudiger Dornbush —maestro del neoliberalismo y de los jóvenes de Harvard que llegaron a la presidencia de México— me dijo, en su oportunidad, que debíamos devaluar. Y no lo hice. Y me llamó para burlarse de mí. Desde luego... le colgué el teléfono.

En corto, con sus más dilectos amigos, Aspe Armella, luego de desacreditar a la pobreza en México llamándola un "mito genial", reveló:

–Le pedí a Ernesto Zedillo que me dejara en Hacienda un tiempo para que pudiera hacer frente a las presiones externas que ya se avizoraban. No quiso. Me ofreció, a cambio, la Secretaría de Comercio. Insistí en mi propuesta y hasta llegué a presentarle una renuncia anticipada para que él le pusiera fecha una vez que cesara la tempestad. Pero ni así.

Y el sismo financiero anunciado se dio puntual, mientras Salinas buscaba un aval que nunca llegó por parte de quien había sido pilar de su gabinete económico. Aspe también fue artífice de la renegociación de la asfixiante deuda externa durante los primeros años del salinato:

–Un amigo me recomendó que fuera solo, sin aparato, al De-

197

partamento del Tesoro en Washington. Y por poco no paso el cordón de seguridad.

El secretario de Hacienda pretendió entrar por la puerta común y se enfrentó a los habituales e insensibles uniformados que, sencillamente, no le creyeron y le tomaron a la ligera hasta que fue "rescatado" por un conocido.

—En la antesala —relató a sus más cercanos colaboradores— pasé la noche en vela mientras los expertos cuadraban cifras y plazos. ¡Pero gané el tiempo necesario!

Quizá aquella ocasión —1990—, cuando el jefe del gabinete económico de Carlos Salinas debió acomodarse en un sillón en espera del ansiado visto bueno, fue la que marcó, en definitiva, el inicio de la nueva etapa de dependencia que tan bien ha funcionado para los grandes socios del sistema político, a cambio de la rectoría del Estado en la materia y de los jirones de soberanía que aún nos quedaban para enfatizar nacionalismos e idiosincrasia.

Fue Romo Garza quien, visionario al fin, proveyó a Pedro Aspe de un escenario digno... hasta que fue inevitable retirarlo de la casa de bolsa al servicio de Seguros Comercial América como primer paso para el traspaso de esta empresa, siempre oportunamente:

—Cuando la empresa de seguros fue puesta a la venta —me dicen—, Aspe ya no tenía cabida en ella.

Todo ello ocurrió después de que Francisco Gil Díaz quedara incorporado al equipo foxista a pesar de las resistencias del mismo:

—No quería aceptar —continúa nuestra fuente— porque su esposa está seriamente enferma y pretendía pasar más tiempo a su lado. Pero fue mayor la presión de los asesores presidenciales y, sobre todo, de Aspe.

—¿Y no le ofreció Fox un sitio a Pedro Aspe?

—Sí... pero no hubo el consenso necesario ni el interés suficiente por parte del propio Aspe, quien respondió que tenía serias diferencias con Fox en materia política. Pero recomendó a Gil porque se lo pidió su patrón.

Desde luego, se sabe que en Seguros Comercial fueron comunes las operaciones simuladas para proteger y ocultar los caudales de sus mayores clientes, comenzando, claro, por el empresario número uno. Es decir, la misma conducta por la que se acusa a otros financieros, como Carlos Cabal y Jorge Lankenau, perseguidos como consecuencia de vendettas cupulares y no sólo, según se dice, por sus piruetas económicas con el dinero ajeno.

Gil Díaz, por tanto, cierra el círculo representando los intereses de los socios. A punto tal es su seguridad que contrarió uno de los proyectos sociales con los que la nueva administración pretendía sostener sus índices de popularidad. Encarando al secretario de Economía, el doctor Luis Ernesto Derbez Bautista, uno de quienes de verdad hicieron causa común con Fox, Gil lanzó a grandes voces un denuesto:

—Eso de tus megachangarros es nada más una macromamada.

Y con ello, sencillamente, naufragó el plan de distribuir pequeños créditos, de 12 mil pesos, a los dueños de las pequeñas tiendas de corte familiar, los "changarros" exaltados por Fox como ejemplos de cooperación y resistencia, sujeto por un presupuesto mínimo, insignificante, amén de la dureza de Gil, caracterizado por aplicar presiones tributarias extremas contra los causantes:

—Es capaz —me dijo una vez uno de sus colaboradores, desde su curul de diputado federal— de meter a la cárcel a su progenitora si se retrasa en la presentación de sus declaraciones de impuestos.

Tal es la fama de Gil Díaz quien, sin embargo, conoce muy bien cuáles son sus límites, digamos los corporativos, a la vista de quienes le recomendaron e impulsaron en la perspectiva de un cambio del que se dijo no había precedentes; aunque se observen, por supuesto, algunos hilos conductores invariables.

Por lo visto, Alfonso Romo Garza, buen jinete, marcha sobre el caballo de Hacienda. Y está colocado en el ojo del huracán. Él mismo ha dicho, sin rubor:

—Mi proyecto en Chiapas es el que más me gusta de todos mis

199

negocios. Porque la presión social no disminuye con balas, sino promoviendo riqueza.

Y sabe muy bien cuál es el sustento de su aserto: en Chiapas, cuando menos, mantiene 4 mil 500 hectáreas para dedicarlas a la investigación en biotecnología. Y en su biografía gusta de resaltar una convicción irredenta:

Después de la equitación —reza su hoja de servicios—, su mayor pasión es la preservación ecológica.

Y de ahí se desprende su interés por extender, en el sureste de México, sus inversiones forestales de altos vuelos como, por ejemplo, la reproducción de aves que se complementa con el proyecto de protección a la Selva Lacandona, según hace constar el Centro de Investigaciones Económicas y Políticas de Acción Comunitaria (CIEPAC), con sede en San Cristóbal de las Casas. Hay algunos privilegiados que sí saben para quién trabajan, parafraseando el dicho popular, y no lo disimulan. Un informe del Centro citado especifica:

Pulsar cuenta con 550 investigadores en biotecnología en todo el mundo, fruto de las compras de Asgrow Seed, Petseed y DPNAP. Se estima que 14 por ciento de su facturación de semillas y vegetales se destina a investigación. Y la cantidad será incrementada a 18 por ciento para extenderse hacia Chiapas, sobre todo, Nayarit y Tabasco.

De ahí, claro, la latente preocupación del régimen foxista por promover el Plan Puebla-Panamá, cuyo cauce principal atraviesa Chiapas, entidad minada por el levantamiento rebelde neozapatista. Mientras se resuelve la agria controversia con los líderes levantados en armas, Romo Garza hace crecer a Seminis, rama de Pulsar en el apartado de semillas vegetales y que hoy concentra, nada menos, 22 por ciento de la producción mundial impulsando, además, a 35 centros de investigación en varios países a partir de los núcleos chiapanecos.

El CIEPAC especifica algunas de las inversiones principales de Pulsar, además de la mencionada Seminis, a través de los años:

- DNAP Holding, líder en el sector de investigación biotecnológica y de distribución de productos frescos.
- Agrosem, dedicada al desarrollo tecnológico del campo agrícola mexicano.
- Empaq, líder en la producción de cartoncillo a partir de fibras recicladas.
- Aluprint, líder convertidor de empaques flexibles.
- Protego, banca de inversión y promotora de la inversión extranjera en México.
- Pulsar Venture Group, de apoyo al desarrollo de alta tecnología.
- Contec Mexicana, que incursiona en la industria de la construcción.
- Omega, acreditada en bienes raíces.
- Orbis, DIA y Mercarfon, especialistas en el área de la distribución. (Sólo en 1997 requirió la contratación de 45 mil vendedores para arrancar sus actividades.) La empresa se centra en la elaboración de productos para el arreglo personal, cosméticos, etcétera.
- Vector casa de Bolsa, una de las mayores de México.

Y las joyas de la corona que debieron adaptarse a la nueva era:

- Seguros Comercial América, la compañía de seguros más grande de América Latina y líder en el mercado asegurador mexicano. Su historia es vertiginosa. En 1989 se creó Seguros La Comercial, en 1993 se fusionó con Seguros América y en 1996 se integró con Aseguradora Mexicana, centrando sus operaciones en el sector gubernamental. Ello, claro, con la muy valiosa asesoría de Pedro Aspe Armella. La venta de la aseguradora se concretó el 4 de junio de 2001 en plena oleada especulativa.

- Cigarrera La Moderna, que encabeza a la industria del cigarro y exporta marcas como Raleigh, Montana, Winston, Alas, Fiesta, Argentinos, Cumbres, Del Prado, Capitolios, Tigres, Kent, John Player Special, Viceroy, Sport, Boots, Gratos, Salem, Camel, Casinos, Dunhill, Alitas, Bohemios y Pacíficos. Romo debió desprenderse de esta pujante empresa en 1997. Puros cálculos estratégicos.

En usufructo de la información privilegiada que su cercanía con Fox le otorga ahora, Romo calcula que sus rendimientos serán mayores especulando con divisas al avizorarse la caída de nuestra unidad monetaria. Le dan dólares baratos y luego compra, claro, pesos a la baja.

Casi nada. Pero hay más, mucho más. Entre 1992 y 1993, Romo Garza amplía sus operaciones mediante asesores internacionales en genética forestal y tecnología de punta para optimizar el aprovechamiento de recursos naturales como celulosa, papel y derivados de materia sólida. Éstos, según explica el CIEPAC:

Lograron identificar plantaciones forestales intensivas de excelente productividad... especialmente en Aracruz Celulosa de Brasil.

Y también encontraron tres zonas adecuadas para la misma actividad en Chiapas, Campeche y Tabasco. No sé por qué los enclaves coinciden con la geografía del narcotráfico a nivel internacional. Vale la pena recordar las conexiones ya establecidas.

Kaveh Moussavi, hijo de quien fuera ministro de Defensa en Irán bajo el reinado del sha Reza Pahlevi, y nacionalizado británico, explica:

–Hay algo que no cuentan las autoridades mexicanas. Existen dos agujeros negros sobre el territorio de México: uno que abarca un corredor aéreo a través de la península de Yucatán; otro que se extiende desde el norte de Coahuila hacia la frontera con Estados Unidos.

–¿Otras versiones del Valle del Silencio?

–Los radares no captan nada cuando una aeronave transita por esos espacios. Quizá por ello me desplazaron.

Y, es curioso, se trata de dos enclaves estratégicos marcados como entrada y salida para los traficantes de estupefacientes de Sudamérica. Moussavi, por cierto, pujó en la subasta para dotar de una nueva red de radares a los principales aeropuertos del país. Se desempeñaba como representante de IBM y denunció, al término del procedimiento —finales de 1992—, al entonces secretario de Comunicaciones y Transportes, Andrés Caso Lombardo, por haber recibido una "mordida" de un millón de dólares.

Caso, rebasado por el escándalo, debió retirarse en marzo de 1993 y fue sustituido, nada menos, por Emilio Gamboa Patrón, sobre quien pesan también sospechas mayores. De inmediato se habló de que a Caso le compensarían con la embajada de México en Inglaterra:

–¡Me encanta! —exclamó Moussavi. Así podré denunciarlo en los tribunales británicos.

Y Caso se quedó en el umbral, no sin antes declarar, a voz en cuello, que haría lo imposible para perseguir a sus "difamadores", con Moussavi a la cabeza, pues se consideraba víctima de "una campaña orquestada contra México". Nunca lo hizo. Mientras, Moussavi, en Londres, recibió un telefonema curioso:

–Quiero invitarlo a cenar —explicó, por el otro lado de la línea, Martín Brito, cónsul de México. Es muy importante.

Moussavi accedió, más por curiosidad, y fue blanco de halagos desmedidos:

–Pida lo que quiera... y lo que sea —le conminó su anfitrión.

Al ágape, muy privado, llegó también Eduardo Ibarrola Nicolín, entonces director general de Asuntos Consulares de la Secretaría de Relaciones Exteriores. Fue él quien llevó la conversación hacia el desenlace esperado:

–Bueno, Kaveh, necesitamos acomodar nuestros intereses mutuos.

–¿Cómo es eso? —preguntó el aludido.

–Usted sabe, Kaveh. ¿Cuánto vale su silencio y su amnesia? Le pedimos olvidar todo ese engorroso asunto de los radares. Le conviene.

Moussavi, sin sorprenderse, rechazó la oferta. Por cierto, el origen y destino de Ibarrola Nicolín es medida exacta del sistema en el que se engendró. Abogado por la Escuela Libre de Derecho, fue uno de los operadores de Javier Barros Valero cuando éste fungió como segundo en el Instituto Nacional de Bellas Artes (INBA) bajo la conducción del muy delicado Juan José Bremer. Era el sexenio de José López Portillo y el señor Ibarrola compartía oficinas con Adriana Salinas de Gortari, hermana de Carlos y Raúl, y funcionaria del INBA. Como en familia. Cuando Barros Valero "saltó" a la Subsecretaría de Relaciones Exteriores se llevó consigo a Ibarrola.

–Lo interesante de la cuestión —apunta un antiguo colaborador de ambos—, es que Ibarrola Nicolín fue designado subprocurador del Distrito Federal a principios del sexenio de Ernesto Zedillo y luego fue trasladado a la PGR para desempeñarse como subprocurador encargado de los asuntos internacionales.

–Y con cobertura mundial, supongo.

–Es el encargado, por ejemplo, de dar trámite a las solicitudes de extradición de nuestro gobierno. ¿Entiendes por qué se han perdido todos los casos?

(Por cierto, Bremer, quien dio entrada al grupo singular, fue embajador en España y ahora lo es de Estados Unidos por designación expresa del presidente Fox. Es interesante anotar que, en junio de 1999, cuando Bremer se mantenía en Madrid, su director de Comunicación

Social, Armando Quintero —sin liga con el inquieto dirigente del PRD—, rechazó dar a conocer la agenda del entonces gobernador Fox, durante el periplo de éste por tierras ibéricas:

–¿Y por qué debía tener información al respecto? Él es del PAN, ¿no? —enfatizó.

–¿Entonces la embajada sólo atiende a los del PRI y no a todos los mexicanos?

–Los del PAN se mueven a su antojo. No nos avisan —replicó Quintero.)

En fin, Ibarrola Nicolín fue ratificado por el gobierno foxista pese a sus antecedentes y conexiones. Y nadie lo investiga a pesar de las evidencias sobre su desaseado e ilegal comportamiento. Ésta es la clave, desde luego, para operar indiscriminadamente entre la estructura gubernamental y los asideros de las mafias.

–Los grandes socios —revela nuestra fuente— se caracterizan por su interés en dos campos específicos: el tráfico de drogas y el de armas.

Los vínculos son estrechos entre distintas familias presidenciales, incluso en otras naciones. El expresidente Carlos Menem, de Argentina, ha sido señalado por introducir armas a su país de manera ilegal. Y otro tanto se dice del exmandatario peruano Alberto Fujimori. En México, sin embargo, el tema todavía está vedado.

En *Los escándalos* reseñé lo que expresó el director de un cotidiano a sus reporteros en plena reunión de evaluación. El suceso se dio en *El Economista* y quien dio las instrucciones fue, por tanto, Luis Enrique Mercado:

–Durante el sexenio de Ernesto Zedillo nadie puede tocar a Guillermo Ortiz Martínez ni a Eduardo Fernández —el primero, gobernador del Banco de México, y el segundo, entonces, presidente de la Comisión Nacional Bancaria y de Valores. ¡Ah! Y tampoco a Jaime Camil.

Poco, muy poco se sabía sobre Camil salvo que, como anfitrión espléndido de no sé cuántos festines en su casa de Acapulco, no tenía límites, ni mostraba el mínimo pudor al gastar ostentosamente. El hijo de Camil, del mismo nombre y acomodado como animador de programas de concursos logró, con tales eventos, introducirse al mundo de la farándula.

La fortuna de Camil, según se expresaba marginalmente, tuvo su origen en diversas fábricas maquiladoras en Puebla, tan exitosas que lo colocaron en la cúspide. Algo muy parecido a lo que le ocurrió al gallego Vázquez Raña durante el periodo de Luis Echeverría.

–Pero ¿qué hay detrás de Camil?

–Es un hombre poderoso. No te metas con él —me recomienda mi fuente. No es de quienes se tientan el corazón.

–Dime, ¿qué lo sostiene? ¿Por qué es tan poderoso e intocable?

–Tiene nexos... con el ejército. Y algo más.

–Es el momento de decirlo.

–Puede ser. Trafica con armas y no sólo provee a las fuerzas armadas. ¿Recuerdas cuando Marcos, líder visible del EZLN, aceptó que los suyos se habían parapetado gracias al mercado negro de armamentos promovido por los propios oficiales del ejército?

–Y Camil está en el centro de todo esto.

–Con la anuencia presidencial, claro. Fue el gran socio, el número uno, de Ernesto Zedillo. Pero mejor olvídalo.

206

Los caciques

–¿Esa crucecita del camino es nuestra?

–No, patrón. Jamás hago un trabajo a menos de 500 metros de la carretera. No soy tan tarugo.

Gonzalo N. Santos, llamado el Alazán Tostado y señor de vidas y heredades a lo largo de la Huasteca, mandaba con el hierro. A su lugarteniente le decían Mano Negra... porque sólo mataba colocándose un guante oscuro en la diestra. Y las cachas de su pistola ya no tenían espacio para más muescas: una por muertito.

De Santos decía el "viejo" Adolfo Ruiz Cortines:

–¿Cacique? ¡Hum...! Lo que importa es que me presenta problemas resueltos.

Hacía, pues, su santa voluntad. Lo conocí muy tarde pero el encuentro fue impresionante. Ya no tenía los controles, pero sí todos los recuerdos. Almorzaba como náufrago a las diez de la mañana, como los hombres de campo. Blanco, alto, fuerte... y dominante. Cuando dejamos la mesa, rebosante de quesadillas y huevos salidos del fogón gracias a la diligencia de media docena de "domésticas", nos condujo, a mi padre y a mí, hacia el recargado despacho que mantenía al fondo de la casona del Pedregal de San Ángel.

–¿Y eso, don Gonzalo? —le pregunté señalando hacia una figura tallada en madera de tamaño natural.

–¿Eso? Es la estatua de Lucifer, que también tiene lo suyo.

–¿Adora usted al demonio?

—Hay que estar bien con Dios y con el diablo. Además... esa estatua tiene su historia.

Y contó don Gonzalo:

—Una tarde ordené que ahorcaran a un alborotador. Y como sus seguidores se medio molestaron... le pedí a un escultor amigo mío que se fuera a vivir al pueblo ese, a la iglesia. Y con la madera del árbol del ahorcado esculpió la figura del santo patrono.

—No encuentro todavía la relación...

—¡Es que sobró madera! Entonces me hizo la figura que tanto le impresionó. Dios y el diablo, ¿lo ve usted?

Años atrás, en pleno disfrute del poder, Santos invitó a mi padre, entonces director de *El Heraldo de San Luis*, a que lo acompañara a visitar su feudo. En un momento de descanso, cuando tomaban una copa, irrumpió un joven campesino, descalzo:

—Patroncito... —clamó el infeliz. Vengo a pedirle que nos ayude. No nos alcanza con los que nos da... y ya viene la navidad.

Santos, incómodo por la interrupción, llamó a grandes voces a Mano Negra:

—Déle al amigo este su aguinaldo —ordenó sin el menor temblor en los labios.

Minutos después se escucharon dos disparos. Y el matón regresó con la pistola humeante:

—Listo, mi jefe. Ya está donde tenía que estar.

Don Gonzalo sorbió el último whisky. Y, a manera de explicación, exclamó:

—¡Ah... qué agitadores estos!

Así se gobernaba, así se procedía. No necesitaba de gobernadores, él lo había sido de San Luis Potosí, ni de alcaldes. Sólo del presidente. En alguna ocasión, en compañía del mandatario potosino, su sucesor, Ismael Salas, decidió observar sus campos bajo la lluvia. Y chorreando agua retornó horas más tarde. Fue entonces cuando Salas, el mandatario, se inclinó reverente y le abrazó las botas:

—¡Qué barbaridad, don Gonzalo! ¡Tiene usted los pies muy húmedos!

Y el cacique, déspota y seguro de sí mismo, alcanzó todavía a mofarse:

—¿Ya ven? ¿Para qué quiero a un gobernador en palacio? ¡Me sobra con un buen capataz...!

Salas, sin detenerse, replicó tímidamente:

—¡Ah, qué don Gonzalo! Siempre tan ocurrente.

En un entorno de este tipo las armas consolidan los liderazgos. Recuerdo, por ejemplo, la histórica entrevista de Julio Scherer a Chou En-lai, el primer ministro de China en tiempos de Mao Tse-tung (1971). Cuando el periodista le preguntó sobre la democracia y el régimen del socialista Salvador Allende, el dirigente chino fue al grano:

—El verdadero poder... lo dan siempre los fusiles.

Y con las carabinas al hombro, en Sinaloa, en pleno corazón de la región de la mariguana, en Baridaguato, los lugareños le advirtieron recién al reportero Carlos Loret de Mola Álvarez:

—Tú que conoces a los trajeados allá en México, diles que no se les vaya a ocurrir legalizar las drogas. Aquí nos levantaríamos en armas. Y no como en Chiapas, donde apenas tienen palos para defenderse. Aquí se derramaría mucha sangre.

Los cacicazgos funcionan. Sobre todo porque, claro, no les causan dolores de cabeza a los gobernantes... simplemente los cooptan, como hacía don Gonzalo en la Huasteca, como hacen hoy cuantos, ligados a la peor mafia de nuestro tiempo, mantienen su poder por encima de cambios, alternancias y modas democráticas.

En las viejas aldeas, en las que la vida transcurre a otro ritmo y sin la premura de los tiempos actuales, el sentido gregario se agudiza. Un antiguo cacique maya, llamado así porque concentraba mando y destinos, don Teodosio Dzul, casi centenario en el entorno de 1975, me tomó del brazo y me dijo al oído:

–Nosotros no hemos sido derrotados. Estamos esperando.

Y me llevó hasta un carcomido ropero, lujo en esas tierras rebosantes de casas de palma y de hamacas "de doble hilo". Parsimonioso, abrió el mueble:

–Mira: todavía tengo esto.

La carabina olía a pasado, no así el ánimo de aquel personaje singular que me explicó por qué la "guerra de castas", bajo el mando del heroico Jacinto Canek, no había terminado:

–Ni nos rendimos, ni hubo armisticio. Sólo nos retiramos para esperar una mejor ocasión.

Y llevan un siglo aguardando, midiendo a los hombres blancos que se acercan con politiquería barata, dejando pasar el tiempo quizá para que sus enemigos se confíen. No tienen prisa, con una salvedad:

–Voy a recorrer la tierra de mis pies —me dijo don Teodosio meses después de nuestro primer encuentro.

Viajó entonces por las aldeas que, en vida, habían sido su escenario. Una a una... hasta que llegó el final definitivo. Fue como una transición, quizá una nueva espera. Los suyos le reverenciaron hasta el final: los "voladores", cohetones que estallan en las alturas, sirvieron de escolta para su espíritu. Cuando murió, medité sobre lo que me había dicho:

–Muchos de nosotros conservan sus rifles. ¡Y pobre de aquel que intente arrebatárnoslos!

Campos minados, caciques insustituibles. A la vista de ellos gestó su origen Víctor Cervera Pacheco, el único mexicano que ha sido capaz de gobernar durante diez años desde el porfiriato. Y otra década más, cuando menos, ejerció como titiritero.

–Tiene dos actas de nacimiento —cuenta Juan Vallejos Vega, su amigo de la infancia. Una en Dzemul, por si es necesario presentar cartas credenciales como campesino; otra, en Mérida, muy útil cuando se trata de convivir con los empresarios y la "casta divina" de la capital.

–¿Y cuándo celebra su cumpleaños?

—No tiene problemas: lo hace por partida doble.

Se trata de quedar bien, como Santos, con Dios y con el diablo. Tal es el hilo conductor de la historia a través de los suelos hollados a golpes de impudicia política.

—¿Cuál es el secreto de su permanencia? —interrogo a Vallejos.

—Que usa y desecha a sus amigos. Quienes se conservan a su lado no son los mismos que lo acompañaron en sus primeras hazañas.

En septiembre de 1973 Cervera desafió abiertamente al entonces gobernador yucateco, y también al congreso del estado que requería del ayuntamiento de Mérida —del que se había separado para conquistar una diputación federal con la bendición del presidente Echeverría— explicación puntual sobre el destino de 30 millones de pesos con los que se había endeudado para pavimentar las calles de la ciudad... sin que se hubiese hecho obra alguna.

—Tuve que dar el aval —explicó el entonces gobernador— porque estaba de por medio Rodolfo Echeverría Álvarez, el hermano del presidente. Si me enemistaba con ellos, las consecuencias las pagaría Yucatán.

De todos modos así fue. La comuna meridana desoyó a los diputados locales y éstos, de común acuerdo con el titular del ejecutivo local, revocaron el mandato a los ediles sustitutos.

Como respuesta, Cervera comandó a un grupo de rufianes que saqueó los comercios de Mérida y puso en jaque a la capital yucateca durante varios días. Y algo más: pretendió sitiar la residencia del gobernador; para ello, claro, decidió medir el terreno y pasó, una y otra vez, por la puerta de la misma... hasta que Julio Sosa, el fornido subjefe policiaco emparentado con el mandatario local, lo obligó a detenerse, lo tomó por el cuello y le dijo:

—Mira, Balo —su apodo, como decir "naco"—, ya nos cansaste. Me importa un comino tu fuero. Si vuelves por aquí te va a ir de la chingada...

Y no volvió. Eso sí: desde la Secundaria número uno, a trescientos metros de la casa del titular del ejecutivo estatal, un grupo de jóvenes testaferros no cesaron en su intento de lanzar epítetos e injurias. Hasta que un telefonema los detuvo:

–Habla Amira Hernández de Cervera —esposa de Víctor y jurista de valía, aunque de presencia poco grata. ¿No se dan cuenta de que no dejan que mis niños duerman?

El hogar de los Cervera colindaba con la escuela de marras. Y por ello, usurpando personalidades, la esposa llamó para establecer los vínculos del entonces diputado con los revoltosos:

–Desde luego, señora. Perdone usted.

Los bocinazos terminaron como por encanto.

–¿Qué determinó el encono del gobernador Carlos Loret de Mola con Víctor Cervera? —inquieren, con frecuencia, algunos colegas.

–El origen está en los cacicazgos del sureste. Por esos días, el gobernador de Campeche, Carlos Sansores Pérez, y el de Quintana Roo, David Gustavo Gutiérrez, favorito de Echeverría en más de un sentido, pretendieron abaratar el precio de la miel peninsular a cambio de una jugosa mordida. El de Yucatán se negó, anunciando lo contrario delante de sus demudados compañeros de partido en el palacio de gobierno de Mérida. A partir de entonces, Cervera se puso a las órdenes de Sansores y éste, con el aval de Echeverría, lo protegió e impulsó su carrera.

De Cervera decía el mandatario yucateco en el umbral de su sucesión en 1975:

–Los grandes empresarios prefieren contar con un socio, y no con un buen gobernador.

Tal fue la clave, desde luego. El encono, eso sí, llegó al máximo cuando, con la mediación de Juan Vallejos, el gobernador Loret de Mola desafió abiertamente al legislador Cervera:

–Dígale que ya basta. Y que es necesario dirimir nuestras diferencias con hombría. Le espero hoy en Itzimná, cerca de su casa y de la mía.

–¿Lo está usted retando, don Carlos?

214

–Que lo tome como quiera.

Y allí estuvo, esperando, el mandatario. El Balo no llegó nunca. Simplemente argumentó que no era hombre de violencia... cuando había sido él quien había prohijado las revueltas, financiado a los pelafustanes e incluso proveyendo de lo necesario a los criminales que cercenaron la vida de Efraín Calderón Lara, un inquieto dirigente sindical, en 1974. Del crimen, claro, se culpó al gobernador, mientras Sansores y Cervera facilitaban la fuga a los autores materiales.

–¿Usted conocía al gobernador Loret de Mola? —preguntó el maestro Alfonso Quiroz Cuarón, ilustre e insobornable criminalista, a Carlos Pérez Valdés, asesino confeso.

–Jamás lo traté. Nunca lo he visto.

Una y otra vez, en mi presencia porque se me había hecho figurar como pasante del doctor Quiroz, el homicida fue presionado y en cada ocasión respondió lo mismo. Tiempo después, en la cárcel de Chetumal, donde fue recluido, dado que el asesinato ocurrió cerca de Ciudad Carrillo Puerto, Quintana Roo, cambió su declaración ministerial y pretendió incriminar al enemigo de Sansores. Por cierto, Pérez Valdés, ebrio, fue aprehendido en Campeche y al respecto le dijo a Quiroz:

–Me torturaron... para que incriminara a Loret. Yo confiaba en ellos.

Calderón Lara, la víctima, fue secuestrado en Mérida mediante un operativo policiaco desquiciado, y luego de que el teniente coronel Felipe Gamboa y Gamboa se prestara, debajo del agua, a secundar los planes de Sansores. Luego explicaría meditabundo y con falso aire cristiano:

–¡Se nos ahogó en la cajuela!

La verdad es que Pérez Valdés, el raptor, se asustó cuando Calderón lo reconoció y espetó:

–Ya sé quién eres, cabrón. ¡Y sé a quién sirves...!

Y sencillamente el aludido optó por taparle la cara con una toalla y dispararle al rostro. Luego dejó su cadáver a unos cuantos

215

metros de la carretera... para que fuese hallado. La trama perversa se había consumado mientras el traidor jefe policiaco se daba golpes de pecho:

—En una mano —decía para impresionar a las beatas de Mérida— tengo la Biblia; en la otra, la pistola.

El símil sería, claro, el de Rubén Figueroa Figueroa, exgobernador de Guerrero y padre del defenestrado Rubén Figueroa Alcocer para marcar las diferencias de estilo y moda, quien solía expresar, preso de un extraño furor para acentuar su virilidad a golpes de exhibicionismo:

—Cuando muera —decía— que me entierren con un brasier sobre los ojos y una pantaleta encima de mi pecho...

Y por él, el presidente Echeverría, su compadre, optó por suspender las obras del Metro en la ciudad de México con miras a privilegiar al cacicazgo camionero de los Figueroa. De impronta violenta y cara de facineroso, el personaje debió de sufrir humillaciones sin cuenta cuando, engañado por la guerrilla de Lucio Cabañas, acudió al encuentro de los alzados en la sierra guerrerense y fue "secuestrado" por los mismos.

—Para un hombre como él —me dijo un testigo cercano—, acostumbrado a la prepotencia, debió ser terrible el trato degradante que le impusieron los rebeldes. Lo obligaban a asear las letrinas, arrastrándose como Cenicienta, y le ofendían de hecho y palabra.

Figueroa no perdonó. Liberado por el ejército en una operación sorprendente, con fuego cruzado y carreras desbocadas como en las películas, luego de asumir la ansiada gubernatura exigió y consiguió aniquilar a la célula insubordinada. El general Salvador Rangel Medina, que intervino en los hechos, me refirió un día:

—Actuamos con contundencia. Acordonamos la zona, la incendiamos y capturamos a quienes salieron del cerco. Así hay que proceder en estos casos.

Figueroa, complacido, respondió exaltando al presidente. No había problemas que no fueran superados por la "habilidad" políti-

216

ca. Como, por ejemplo, cuando debió proceder contra unos jóvenes inquietos que lo abordaron, delante de Echeverría, a la salida de un acto de gobierno. Pocas horas después, el gobernador, como si se tratase de un parte militar, ofreció una lapidaria versión de los hechos.

–Esos revoltosos, señor... ya duermen en el Valle de Josafat.

La sangre corrió por doquier. Se estiman en cuatrocientas las víctimas directas del cacique. O las marcas en las cachas de las pistolas. Pese al negro, más bien rojo historial, el heredero de Figueroa, Rubencito, hizo suyo el cargo que entronizó a su padre en Guerrero y proyectó una perspectiva similar. La matanza de Aguas Blancas, cuando los policías estatales abrieron fuego contra una veintena de campesinos que viajaban en un camión de redilas, lo confirmó a plenitud en 1995.

–La impunidad —argüí en su momento— es tan evidente que aclara las complicidades. El solo hecho de que Rubencito Figueroa esté libre, basta para descalificar al sistema, a los órganos de justicia y al régimen del doctor Ernesto Zedillo en su conjunto.

(Es interesante anotar que, en el lapso entre un Figueroa y otro, dos de los gobernadores de Guerrero en ese tiempo, Alejandro Cervantes Delgado y José Francisco Ruiz Massieu, fueron llamados "las comadres", precisamente por mostrar tendencias opuestas a la exhibición machista del cacique. La homosexualidad del segundo, asesinado en septiembre de 1994, fue reportada por su mujer, Adriana Salinas de Gortari, como causal para el divorcio necesario. Historias familiares.)

La impunidad es hija de la complicidad. No puede entenderse de otra manera. La justicia, en manos de los caciques y sus cómplices, es tan vana, tan superficial, tan pobre, que más le valdría una misa de réquiem. Los grandes empresarios, multinacionales claro, saben de estas cosas y tampoco escapan a la seducción:

–¿No es extraña la intensa, cercana relación entre Emilio Azcárraga Jean, quien heredó el consorcio Televisa, y el licenciado Bernardo Gómez, quien funge como director adjunto de la presidencia de esta empresa? —pregunto a un colega estrechamente vinculado con la poderosa televisora.

–Sucede mucho entre jóvenes —responde. Más cuando se establecen los vínculos a partir de un hecho oscuro.

–¿Y cuál es el misterio en este caso?

–Emilito, hijo del Tigre, en estado inconveniente, sufrió un serio percance automovilístico. En el vehículo viajaba, y murió, el hermano de Bernardo.

–Desde luego, no lo detuvieron.

–No lo hicieron porque Bernardo se culpó por la "imprudencia". Y lo hizo porque así se lo pidió Azcárraga Milmo, el padre. Ahora, por supuesto, Emilio y Bernardo son uña y carne... ligados a las sombras y la impunidad.

Gómez es quien toma las decisiones difíciles o las provoca. De bajo perfil cultural, ha tenido arrestos para encarar a las leyendas de la pantalla chica, como Jacobo Zabludovsky, en un tono insolente, casi ofensivo:

–La verdad es que no nos sirves —le comunicó a un conductor de noticiarios que pretendió proceder con independencia. Necesitamos elementos nuevos.

–¿Los tienes?

–Ya vendrán... aunque tengamos que traerlos a rastras.

Una buena fórmula para censurar a los periodistas por sus reportajes clave. A Ricardo Rocha, por ejemplo, a causa del seguimiento a los dramas de Aguas Blancas, en Guerrero, y Acteal, en Chiapas.

–No me queda sino pedir una buena indemnización —me explicó Rocha tras su salida de Televisa— para comprar mis propios espacios.

La libertad mercantil sustituye a la de expresión, o la suplanta, según sea el caso. Y también sirve para abandonar a su suerte a quienes caen en desgracia por obra y gracia del sistema. Un caso patético es, sin duda, el de Flavio Romero de Velasco, gobernador de Jalisco de 1977 a 1983, aprehendido el 23 de enero de 1998 a consecuencia

218

de varias vendettas políticas, aunque se sospecha que también se relacionó con el cártel de Guadalajara:

–Son sospechosos varios gobernadores priístas —asienta el Observatorio Geopolítico de las Drogas—, quienes aún están en el poder o fueron objeto de investigaciones por diversos tipos de actividades ilícitas. Éste es el caso notable de los "dinosaurios" [*sic*] que gobiernan Campeche y Yucatán, donde el tráfico de drogas y el lavado de dinero han alcanzado niveles sin precedentes durante la década actual —1991-2000—... y también está el caso del exgobernador priísta de Jalisco, Flavio Romero de Velasco, un servidor público que tenía una cuenta bancaria de 16 millones de dólares.

Visito a Romero de Velasco en el Reclusorio Oriente de la ciudad de México atendiendo una invitación de sus familiares el 18 de enero de 2001. Con 75 años a cuestas no pierde el aire militar: camina erguido y con la cabeza en alto... a pesar de las humillaciones, "tremendas" según sus palabras, que le infligieron al momento de su captura y, sobre todo, al ingresar al penal de alta seguridad de La Palma —¿una reminiscencia de Los Pinos?— en Almoloya de Juárez:

–A los cuatro meses —mayo de 1998— me trasladaron a esta cárcel y después de que el Primer Tribunal Unitario del Segundo Circuito decretó mi libertad por falta de elementos en la acusatoria. Aún así, a la salida de Almoloya ya me aguardaban dos docenas de "jenízaros" armados hasta los dientes. Los carceleros me soltaron después de las diez de la noche y yo no sabía que, basándose en una denuncia triplicada, tengo las pruebas de ello, una juez, la Octava de Distrito en materia penal, había emitido una nueva orden de aprehensión. Creí que me había llegado la hora.

–¿Por qué la saña, Flavio?

–Sólo se explica de una manera: una enfermiza obsesión del doctor Ernesto Zedillo.

–¿Cuál fue el origen?

–Que no permití que me extorsionara su amigo Jorge Alejandro Ábrego Reyna quien, por cierto, también figura con el nombre de Gabriel Pineda Castro. Este sujeto, que tuvo evidentes conexiones con el capo Rigoberto Gaxiola, era quien "arreglaba" los negocios de Zedillo... y yo caí en el garlito. Ingenuidad que nadie me cree porque fui hombre del sistema.

La historia es nebulosa. Romero de Velasco, con la promesa de ser llamado al gabinete nada menos como secretario de Gobernación, oferta que le reiteró telefónicamente el propio Zedillo, según dice, accedió a venderle una casa de su propiedad ubicada en Puerto Vallarta, una especie de manzana de la discordia, pues el propio Romero de Velasco reconoce que había sido propiedad de un narcotraficante.

—Acabaron quitándome todo, absolutamente todo. Con decirle que incluso debo protegerme de la ambición ilimitada de mi abogado defensor, quien ya me demandó por cien mil dólares. Nada es más terrible que verme perseguido por quien debía defenderme. Todas las puertas las tengo cerradas.

Romero envió a su abogado, Fernando García Cordero, una misiva que se explica por sí sola:

Al dictarse auto de formal prisión usted apeló ante el magistrado del Primer Tribunal Unitario del Segundo Circuito, licenciado Tomás Hernández Franco, hasta lograr que fuera exonerado de la acusación de "lavado de dinero" por la evidente aplicación retroactiva de la ley. Sin embargo, dejó viva la acusación sobre "asociación delictuosa" a pesar de que, sin mi conocimiento, usted obligó a mi familia a endeudarse con 35 mil dólares que, a decir suyo, le pidió el magistrado para fallar a mi favor. Si esa cantidad la hubiera usted entregado... lógico es suponer que no se hubiera sostenido la segunda acusación.

El litigante de marras cobró, en principio, 150 mil dólares, y tiempo después presentó un nuevo recibo por 100 mil dólares "con una serie de cláusulas leoninas y exigiendo como garantía mi casa", según Romero de Velasco. La presión del licenciado García Cordero llegó al extremo al enterarse de que no se le pagaría más:

–¡Ahora van a saber de lo que soy capaz! —gritó, fuera de sí, a los familiares del exmandatario de Jalisco.

Y Romero concluye en la carta dirigida a su "defensor":

> Por todo lo expresado temo fundadamente su reacción, que bien podría llegar más allá de las meras argucias jurídicas para hacer efectivo su crédito...

El hecho es que Romero de Velasco, a quien se le atribuye una fortuna inmensa como consecuencia de supuestos enlaces con los capos, cumplió tres años y medio en la cárcel... porque no tuvo dinero para pagarle a quienes asumieron su defensa. Si es una simulación, resultó demasiado costosa.

–Me quitaron todo, de veras. Zedillo no aceptó que exhibiera a su consentido, el llamado Ábrego Reyna, quien por cierto ya está confinado en una cárcel de Estados Unidos pero sin que nadie ose tocar al expresidente.

La reseña sobre Romero de Velasco y la delincuencia organizada parte de su actuación como gobernador de Jalisco:

–Una mañana, luego de tomar posesión de la gubernatura, me invitó a desayunar Porfirio Muñoz Ledo, entonces presidente del PRI. Nunca me imaginé que me tuviera preparada una emboscada.

(Muñoz Ledo cuenta con una larga carrera política que incluye una frenética mudanza de partidos sólo amortizada tras su segundo matrimonio con una joven señora tres décadas y media menor que él. En septiembre de 2000, cuando presidía la mesa para la búsqueda de la "reforma integral del Estado", lo abordé a la salida de la cabina de transmisiones de Radio Fórmula:

—Ya sólo le falta a usted ser presidente del PAN —le expresé con evidente sarcasmo.

—Puede ser, ¿verdad? Ah, eres terrible.

—Sería una alhaja más para el rosario y usted podría ser llamado, sin duda, el "Churchill mexicano". Nadie mejor que sir Winston en el arte de cubrir todos los escenarios posibles.

—Ya veremos —replicó en tono de fastidio y se alejó, distraído, perdiéndose en los saludos de rutina.)

Muñoz Ledo le dijo a Romero de Velasco, en su casa:

—Quiero pedirle que converse usted con nuestro amigo José Guadalupe Zuno Arce.

—¿Y para qué? —replicó Romero impaciente.

—Usted sabe que debemos sumar... y Zuno controla, desde Tuxpan, los municipios del litoral del Pacífico.

—¿Me pide usted que él designe a los candidatos? ¿Es eso?

—Que hable con él para señalar a quienes más nos convengan.

—Pues me niego rotundamente...

Zuno, en ese momento, mantenía influencia en 42 de los ayuntamientos de Jalisco aun cuando su cuñado, Luis Echeverría, había terminado ya su mandato presidencial, durante el cual el poderoso clan no dio ni concedió cuartel. Se pensaba entonces que el cacicazgo era inamovible por las manos poderosas que lo manejaban tras bambalinas, y a través de las pomposamente llamadas "Industrias del Pueblo".

—Ni caso les hice —enfatiza Romero de Velasco en la prisión capitalina. Actué con firmeza y los caciques cedieron. También los revoltosos que tenían sitiada a la entidad, sobre todo a Guadalajara, con una oleada de violencia sin parangón posible.

—Quizá este antecedente explica la saña contra usted, Flavio.

—Sí, fueron muchos los intereses creados que afecté con la acción de mi gobierno.

Cuando menos, vistas las cosas en perspectiva, los alcances de

222

Romero afectaron a dos exmandatarios de la República: Echeverría, tan ligado al clan de los Zuno, y Zedillo, tiempo después, gran protector de los suyos, sobre todo de sus medios hermanos Verónica, Rodolfo y Eduardo, hijos, éstos sí, del electricista Rodolfo Zedillo. Y el otrora gobernador de Jalisco terminó en una celda, perseguido por su defensor y sin dinero siquiera para divulgar en los medios su dolorosa versión de los hechos.

Fue liberado, al fin, el sábado 14 de julio de 2001. Insiste aún en que la disputa por su casa de Ajijic determinó la saña de Zedillo, sólo explicable como consecuencia de una profunda desviación hormonal.

El neoleonés Alfonso Martínez Domínguez, exregente de la ciudad de México y reclutador de los célebres Halcones que extendieron la barbarie en junio de 1971, durante el ominoso Jueves de Corpus, solía decir un tanto para curase en salud:

–En esto de la política conviene ser honrados... pero no tanto como para no disponer de los recursos suficientes destinados a pagar una plana en los diarios cuando nos acusen de ser ladrones.

Los caciques, desde luego, cuentan con dinero de sobra, aunque no siempre con la bendición de arriba. En ocasiones pierden lo segundo, como le sucedió a Joaquín Hernández Galicia, la Quina, el poderoso líder del gremio petrolero que mantuvo férula y omnipotencia durante más de tres décadas. Bastó una sola decisión, la del presidente Carlos Salinas, para que fuera aplastado en enero de 1989.

–¿Qué importancia tiene? —me interrogó el profesor José Luis García Mercado, secretario particular del secretario de Gobernación, Fernando Gutiérrez Barrios, tras la insólita aprehensión de la Quina.

–Es un hombre poderoso. Sus agremiados podrían reaccionar de mil maneras contra la estabilidad nacional.

–No va a suceder nada. De cualquier manera, anoto su preocupación.

Y no pasó, en efecto, nada. En cuestión de horas el "guía moral" del sindicato que se ostentaba como el más solvente de América Latina pasó del limbo de la impunidad, en donde se mantenía a pesar de asesinatos y persecuciones sin cuenta, a la condición de reo exhibido por un mandatario al que, de plano, no quería. Unos meses antes, en su feudo de Ciudad Madero, Hernández Galicia me había dicho:

–Salinas está detrás de la intentona de homicidio contra mí. Me mandaron por aquí a los mismos militares que estuvieron en Guerrero cuando su padre, Carlos Loret de Mola Mediz, fue asesinado. Querían hacerme lo mismo.

Y la Quina optó por jugársela a favor de Manuel Bartlett, aun cuando éste había movido también sus cartas en la perspectiva de los militares. Perdió, claro, y después repitió su fracaso al simpatizar con el ingeniero Cuauhtémoc Cárdenas, candidato del Frente Democrático Nacional en 1988.

–Es mentira eso de que apoyé a Cuauhtémoc. Si lo hubiera hecho... él habría ganado, y no Salinas.

La tardía explicación no resuelve la incógnita porque, sin duda, el proceso electoral mencionado estuvo a punto de hacer naufragar al sistema, e incluso su desenlace tomó por sorpresa al propio Cárdenas, quien no esperaba tan buenos resultados para él ni siquiera en la víspera de los comicios. Fue entonces cuando Cuauhtémoc me dijo:

–Estoy dispuesto a reconocer la victoria de Salinas si él y el PRI aceptan nuestros éxitos parciales, sobre todo en Michoacán.

Y el caso fue que las computadoras debieron ser silenciadas para fabricar el último de los fraudes sonados, a nivel nacional, contra la voluntad popular. Y con la misma mecánica, la Quina no duró ni un suspiro.

Hay quienes, en cambio, son inamovibles. El yucateco Cervera o el poblano-tabasqueño Manuel Bartlett Díaz, cuya altanería se explica a partir de los traumas que sufrió de niño al observar a su padre, Manuel Bartlett Bautista, gobernador de Tabasco, perder los bártulos y hasta la viril dignidad arrastrado por el centralismo.

–¿Por qué nadie explica —pregunté en Mérida a un centenar de personas interesadas en el devenir de su entidad a la vista de la caída del PRI— cómo se financió la construcción de 42 pistas clandestinas de aviación en la península para que sirvieran de puntos de abastecimiento a los grandes traficantes de cocaína sudamericana?

Cervera alega que se construyeron con el fin de proveerse de infraestructura para concurrir con mayor frecuencia a las distintas poblaciones del interior de su estado. Nadie lo cree. Tampoco nadie sigue la huella. Y aún tras su fracaso electoral, el cacique del Mayab tiene las espaldas cubiertas:

–No me imagino —me explica Juan Vallejos, el amigo de sus años mozos—, cómo podrá proceder Patricio Patrón —el panista vencedor en la justa por la gubernatura yucateca en mayo de 2001—, cuando sus sobrinas le pidan que no le haga daño a su abuelito.

Espíritu gregario de por medio, Cervera respira. Su sucesor, cuestionado por los resentidos perdedores y hasta por los cerveristas que no encuentran acomodo, es cuñado de Pilar, la hija del cacique. Y el hermano del nuevo mandatario de extracción panista, Alejandro Patrón Laviada, supo cobijarse, tiempo atrás, en la bonanza del poder, y llegó al extremo de asociarse con Roberto Hernández, el financiero intocable. Una familia, sin duda, resistente.

Pero quizá la clave es otra. Adolfo López Mateos, presidente de 1958 a 1964, supo sintetizar el fenómeno en el entorno de su tiempo:

–Los cacicazgos —declaró a su paso por la Huasteca de Gonzalo N. Santos— subsisten en los pueblos que los toleran.

Hoy cabría agregar algo más: y bajo el cobijo de los narcos.

Los narcos

–Yo serví a Carlos Salinas y ahora es el momento de que él me ayude. Por él maté...

Juan García Ábrego, llamado el Capo del Golfo y acaso uno de los más poderosos narcotraficantes del continente, al amparo de sus relaciones con el poder, hasta su caída en enero de 1996, encara así al comandante Guillermo González Calderoni, asignado a la cacería de cárteles sobre el territorio mexicano, al seguir éste una orden presidencial: solicitarle al mafioso, "civilizadamente", que se entregue.

–¿Qué te debe Salinas? —inquiere el policía.

–Yo armé el atentado contra Francisco Javier Ovando y Gil Heráldez en 1988. Los eliminé porque me lo pidió Salinas.

–¿Él directamente?

–Me lo hicieron saber. Uno de quienes me comunicaron la "orden" fue el comandante Emilio López. Tú sabes el resto.

Ovando y Gil, artífices de la estructura territorial sobre la que se asentaba la convocatoria política del Frente Democrático Nacional, y de su abanderado en pos de la presidencia, Cuauhtémoc Cárdenas, fueron asesinados en las vísperas de los comicios federales de 1988, cuando transitaban por la calle de López, en la capital del país, a escasos metros de uno de los asientos de la PGR.

–¿A usted le consta, comandante? —le pregunto a González Calderoni, quien no parece dispuesto a abrir sus cartas.

–Sé cómo se dieron las cosas. Hubo dos intermediarios entre

229

el presidente Salinas y Juan (García Ábrego). Y el comandante López fue uno de ellos.

—¿Y el otro?

—Me lo guardo por ahora. Ni siquiera le debí dar el nombre del comandante López. Pero ya no me importa.

—¿Pudo ser José Córdoba Montoya, el asesor del presidente?

—No vamos a jugar a las adivinanzas, ¿verdad? Pero no, no fue él.

Estamos en McAllen, Texas, su feudo desde 1993, cuando se sintió traicionado por Carlos Salinas. Al encuentro llega solo, sin chofer siquiera, en un automóvil común y corriente, sin blindaje. Primero mide el terreno que pisa y a su interlocutor; después se anima a fijar las condiciones para hablar a sus anchas:

—Mi regla es muy sencilla: si me pegas con tus armas, te contesto con las mías.

—¿Por qué tanto recelo, comandante?

—Porque cada vez que revelo el nombre de un testigo... luego aparece muerto. Ya son varias veces: del que hablo se muere.

Quizá fue el caso de Carlos Javier Dávila, uno de los lugartenientes de González Calderoni, quien fue acribillado semanas atrás del diálogo transcrito sin mayores explicaciones. Por cierto, a finales de 1994, el entonces secretario de Gobernación, Jorge Carpizo McGregor, quien dejó la PGR para asumir la titularidad de Gobernación depositando su prestigio jurídico en manos del presidente Carlos Salinas, me dijo:

—Tres son las piedras en mis zapatos: González Calderoni, los hermanos Arellano Félix y Antonio Nogueda Carvajal.

El primero, considerado el rey de la tortura; los segundos, los capos más buscados y menos seguidos; y el tercero, el policía sin ley de Morelos y Guerrero, a quien se acusa del asesinato del líder político José Ramón García en Cuernavaca.

—Sí, yo reconozco que soy un cabrón —alega González Calderoni. Tengo que serlo por mi trabajo. Pero nunca he matado a alguien.

—¿Nunca, comandante?

–Nadie me ha acusado de ello. Me señalan por abuso de poder, tortura y enriquecimiento inexplicable. Yo quisiera saber en dónde están los 400 millones de dólares que me atribuyen.

De pronto, González Calderoni se suelta, habla, gesticula, recuerda:

–Yo de lo que sé es del narcotráfico. No me preguntes por otra cosa, porque no es lo mío. Y lo que falta ahora son elementos que sepan de esto.

–¿No los hay?

–No. Por eso se dicen tantas mentiras y se cometen tantos errores.

–¿Sólo usted, entonces?

–Sí, porque conozco cómo piensan el capo, su esposa, su amante, el amante de su mujer, la sirvienta, los pistoleros. Cada uno tiene sus características propias. Y también sé por qué actúan.

–Dígamelo, comandante. ¿Quizá porque cuentan con protecciones políticas muy importantes?

–No... eso es nada más pastura para sus libros. Los grandes narcotraficantes son de estratos pobres, miserables. Primero quieren dinero, después poder, y más tarde poder, dinero y vidas. Por eso acaban matando.

–Me parece imposible que no tengan un respaldo... de los presidentes, por ejemplo.

–De los presidentes no sé, no me consta.

–Sin embargo a usted lo enviaron para "convencer" a Juan García Ábrego de que se entregara. ¿No es así?

–Pero es que Juan es mi amigo. No voy a negarlo. Yo soy de Reynosa, él es de Matamoros. Y nos conocimos desde nuestra juventud. Nada me parece más repulsivo que negar una amistad. Para mí es sagrada.

–A pesar de ello tenía usted la obligación de perseguirlo. ¿Lo hizo?

–Lo hice cuando me lo ordenaron.

231

González Calderoni cuenta su historia:

—Siempre fui muy cercano a la familia de José García Cárdenas, el padre de todos los García Ábrego, entre ellos el mayor, Pepe, mi amigo. Una noche me avisaron que Pepe se había accidentado en la curva a la salida de McAllen, con rumbo al puente fronterizo. Yo estuve con él, di la cara por él, lo ayudé cuanto pude... hasta que murió. Por eso su hermana Beba, muy guapa por cierto, siempre se refería a mí como su "hermano". Y lo mismo Juan.

—¿Cómo conciliar, entonces, sus labores como policía y el afecto personal hacia uno de los mayores capos?

—Una vez le dije a Juan que entre mi carrera y él prefería mi carrera. Y que no me tentaría el corazón cuando se interpusiera él. ¿Y sabes qué me contestó?

—No lo habrá tomado en serio, creo...

—Me dijo que no me preocupara porque ya estaba arreglado. Les había entregado 50 millones de dólares a quienes lo seguían. Y yo reviré: "Crees que estás arreglado pero no es cierto".

—No fue agradable, me imagino.

—Acabó ofreciéndome dinero a mí. Y yo se lo reclamé: "¿Cuándo te he pedido algo?". Y volví a advertirle que no creyera que estaba arreglado. Además le comenté que Javier Coello Trejo, el subprocurador, ya estaba sobre sus pasos.

Al volver a México, tras su reunión con el poderoso capo, González Calderoni fue llevado a la oficina de su superior, Coello Trejo, el Gordo, a quien todos llamaban el Fiscal de Hierro:

—Oye, comandante —saludó el funcionario a su subalterno—, tú le dijiste a Juan que lo íbamos a chingar. ¿Por qué?

González Calderoni se detiene, observa de reojo dándole seguimiento al asombro. Aprovecho el paréntesis para rematar:

—Coello, entonces, estaba en el juego.

—No sé —evade el comandante. Metería las manos al fuego por quien entonces (1991) era el procurador, Enrique Álvarez del Castillo... pero por Coello, la verdad, no.

Tercia entonces nuestro anfitrión, a quien González respeta, si bien a distancia:

–Es evidente que durante cada sexenio se dan reacomodos muy profundos en la geografía del narco. Durante el periodo de Miguel de la Madrid fueron aprehendidos Rafael Caro Quintero, Félix Gallardo y don Neto (Ernesto Fonseca Flores), todos sinaloenses. Luego, con Salinas, cayó Joaquín el Chapo Guzmán y se convirtieron en prófugos los hermanos Arellano Félix, de Tijuana. En tiempos de Zedillo, el "blanco" fue Juan García Ábrego, de Tamaulipas, aunque también se presentó al supuesto "cadáver" de Amado Carrillo Fuentes, el Señor de los Cielos, intocable en el periodo anterior. Y con Fox se recrudecieron las acciones contra el cártel del Golfo y Osiel Cárdenas, nuevo cabecilla del mismo.

Rafael Macedo de la Concha, general y exprocurador militar a quien Vicente Fox colocó al frente de la PGR con evidente preocupación por halagar a los oficiales del ejército nacional, me dice en una charla:

–Percibo que los cárteles están buscando reposicionarse. Hay pugnas entre ellos y esto se refleja ya en la espiral de violencia. Pero además es claro que se han dado cambios muy importantes en la operación y el trasiego de las drogas. Observo a diversas células dispersas que recalan en los cárteles.

Como volver a empezar. Una nueva doctrina bajo las mismas reglas. Lo sabe el general Macedo, de mediana estatura, delgado y de cara alargada, quien no elude las preguntas, pero no siempre las responde. Conoce los secretos de su asunción y, por ende, también sus límites.

–Si hay cambios en cuanto a la geografía del narcotráfico, ¿cómo explica la sostenida existencia de dos corredores aéreos a los que no llegan los radares? Hablamos de una parte de la península de Yucatán y de una franja fronteriza en el norte de Coahuila.

–Lo que sé es que hemos detectado, en 2001, un solo vuelo ilícito: una avioneta Cessna que transportaba 198 kilos de cocaína. Y el año anterior, según consta en expedientes, localizamos dos.

–¿Sólo eso, general?

–Esto significa que las rutas han variado. Ahora se prefiere el mar. Los traficantes están evitando pasar por México y desde la frontera entre Guatemala y Belice hay un proceso de reorientación.

El verdadero poder se pertrecha. Lo ha hecho siempre y más aún cuando las condiciones políticas parecen variar por la tendencia irreversible hacia la democracia. Sin embargo, la historia de las alianzas entre la clase política y los mafiosos, es muy antigua.

–¿Te acuerdas de Carlos Novoa? —me pregunta nuestro anfitrión. Era gobernador del Banco de México, durante el sexenio de Miguel Alemán (1946-1952), cuando lo interceptaron. Llevaba en la valija diplomática varios kilos de cocaína. Y lo mismo ocurrió tiempo después con una gloria del deporte olímpico: el general Humberto Mariles, ganador de medallas de oro en equitación.

Otra vez la mezcla infalible: caballos, militares, drogas y poder. Los vasos comunicantes delatan a los protagonistas y exhiben la continuidad de las estrategias. Sólo los ciegos no quieren ver.

Vamos al origen. Con el sinaloense Pedro Avilés surgió, desde la década de los setenta, la escuela del narcotráfico. El gobernador de Sinaloa en ese entonces, Leopoldo Sánchez Celis, prácticamente acordaba con el poderoso señor. Y así hasta que el procurador general, Pedro Ojeda Paullada, requirió la presencia del traficante:

–Oiga usted —señaló el "abogado de la nación"—, ¿qué le ha hecho a mi policía? Ya no actúa y protege a los delincuentes.

Avilés, sin perder la compostura ni la libertad, estalló en una larga carcajada:

–¿Su policía, procurador? ¿Cuál es *su* policía? Yo les doy pertrechos, ganancias, seguridad para sus familias. ¿Y usted? Sólo unos sueldos miserables. ¿De quién es esa policía?

Por cierto, Sánchez Celis, político al fin, abrió las puertas para la convivencia con las mafias dentro de la estructura gubernamental. Fue el primero que manejó abiertamente las sociedades sucias... al amparo del célebre maestro de Tianguistenco, Carlos Hank González, su protector y amigo, también su confidente, de quien no se separaría jamás.

–Polo Sánchez Celis —continúa nuestro informante— fue quien inventó a Félix Gallardo, impulsor, a su vez, del cártel de Sinaloa. Félix, por cierto, fue padrino de Rodolfo Sánchez Duarte, hijo de Polo.

Rodolfo, hermano de Leopoldo, quien fue delegado de Coyoacán a la sombra del regente Carlos Hank González, acabó sus días de manera dramática en noviembre de 1990:

–Luego de aterrizar en la ciudad de México —me explican—, fue secuestrado por un grupo de supuestos judiciales. La misma suerte corrió su acompañante, el abogado Luis Manuel Pérez. Los cadáveres de ambos aparecieron, con evidentes signos de tortura, en los tiraderos aledaños al aeropuerto.

–¿A quién se acusó de los crímenes?

–A Mario González Treviño, uno de los lugartenientes de González Calderoni. Pero él no pudo ser: estaba operado cuando ocurrieron los hechos. También se le señaló por el asesinato de Norma Corona, la luchadora en pro de los derechos humanos victimada en Culiacán.

González Calderoni explica su versión:

–Mario es inocente. Lo que pasa es que Salinas de Gortari necesitaba chivos expiatorios para quedar bien con quienes le forzaron a crear la Comisión Nacional de los Derechos Humanos en 1990. Y nosotros dimos el perfil.

Salinas, entusiasmado por la renegociación de la deuda externa y el aval del entonces jefe del Departamento del Tesoro estadunidense, James Baker, optó por ofrecer un perfil nacional menos ajado por los signos de la tortura como práctica recurrente del sistema judicial mexicano. Y le ordenó a González Calderoni:

–Lo de Norma Corona se ha convertido en una bandera. Pesa

sobre la Policía Judicial Federal la mayor de las sospechas. Por ello le exijo, comandante, que investigue a fondo el homicidio. Que no quede duda alguna.

Y el comandante especializado en cuestiones de narcotráfico optó por enviar a Sinaloa a Mario González Treviño, quien no pudo conciliar intereses con quien fungía en esos días como gobernador de la entidad, Francisco Labastida Ochoa, cuyo derrotero político le llevaría después al gabinete de Ernesto Zedillo, y a la fallida candidatura presidencial priísta en 2000.

Cansado de traiciones, chantajes y persecuciones, González Treviño llegó al despacho de Labastida apenas unas semanas después de su arribo a Culiacán, y le espetó:

–¡Yo me voy! Y me voy porque usted es un pinche maricón y entorpece todo. ¡Puto! ¡Viejo culero! Aquí tiene mi credencial de la PGR. ¡Métasela por donde quiera...!

El exabrupto del comandante no lo relevó de la responsabilidad. Sus superiores insistieron en sostenerlo hasta que fue señalado como autor intelectual del asesinato de Norma Corona. Sólo que nadie, desde luego, se atrevería a meter las manos al fuego por él.

–Labastida, entonces, no fue ajeno al contubernio —insisto.

–Tanto como Sánchez Celis —responde nuestra fuente. Éste, con el aval de Hank, acaso el político más influyente de nuestro tiempo; y Francisco, proyectado hacia la presidencia.

–Pero no llegó...

–Bueno, siempre hay intereses mayores.

Eduardo Valle, el Búho, uno de los investigadores con mayor movilidad durante la fase intermedia del salinato trágico y bajo la guía de Jorge Carpizo McGregor, sostiene:

–El gran apoyo de Hank en Estados Unidos fue, nada menos, Warren Rudman, presidente del Consejo de Inteligencia para el Exterior de la Casa Blanca.

236

–Uno de los pilares de la "nomenklatura" occidental, me parece.

–Por supuesto. Rudman es, además, el abogado de los Hank Rhon, su consejero legal para cuestiones de diversa índole. Y, claro, protege la estructura heredada por el "maestro" en Estados Unidos mientras él "filtra" a su gobierno otras cuestiones... como el caso de la famosa operación Tigre Blanco en el que inmiscuyó a la Reserva Federal. Es uno de los hombres con mayor poder e influencia en su país.

–El maestro, desde luego, lo aprovechó.

–Seamos precisos: los grandes desarrollos estratégicos del narcotráfico serían inexplicables sin que se hubiese dado la intervención de Hank.

–Y la de Rudman, por supuesto. Una mancuerna de muy altos vuelos, sin duda.

–Ya verás —puntualiza Valle— que en veinte años, no más, habrá de legalizarse el consumo y tráfico de drogas. Dos décadas.

–Y los Hank Rhon estarán detrás del negocio, claro.

Mientras tanto, el horror cunde. El Búho —"mi madre tasajeaba bulbos de amapola en Sinaloa", refiere— da cuenta de una situación poco menos que dantesca en la primavera de 2001:

–Se están muriendo los muchachos por sobredosis. Muchos más que antes. ¿Y sabes por qué?

–Tienen más facilidad para adquirir drogas, ¿no?

–Y algo más: como la oferta es más amplia a los traficantes ya no les conviene refinar el producto abaratado. Y están vendiendo la droga pura. Por supuesto, los jóvenes no saben medir sus raciones... y se pasan. El tema es alarmante.

–Pero no se ha dado una reacción oficial acorde con la gravedad del asunto.

–Es verdad. En Harlingen, Texas, en mayo pasado, fueron encontrados los cadáveres de cuatro chicos intoxicados con cocaína y heroína muy pura. En 2000, en Plano, Texas, diecinueve chamacos murieron por exceso de heroína. Todo parece indicar que un pequeño cártel de Acapulco fue quien introdujo la droga al mercado estadunidense.

–Ahora los pequeños surtidores también operan a lo grande, al parecer.

–Pero los grandes distribuidores tienen otra perspectiva. Juan José Esparragoza, el Azul, por ejemplo, financió de cabo a rabo la campaña de Tomás Yarrington en pos de la gubernatura de Tamaulipas en 1998.

Y no le fue mal al célebre Azul, dueño de la sierra de Sinaloa y uno de los capos intocables. Para muestra basta un botón:

–Si te animas a cruzar el puente fronterizo hacia Pharr, Texas, verás una mansión magnífica, la última del lado mexicano. Tiene más vigilancia que las aduanas.

–¿Quién es su propietario?

–El Azul. Ahí vive sin que nadie lo toque, mucho menos el gobernador Yarrington, quien tanto le debe. Son los grandes herederos de la región.

Las posiciones, y las posesiones, se ganan al calor de los favores. Cuando, hace años, intentaron asesinar al intocable Amado Carrillo Fuentes en el restaurante Bali-Hai de la ciudad de México, el 25 de noviembre de 1993, su escolta, Adán Segundo Pérez, se interpuso valientemente y salvó la existencia de su patrón. También lo hizo Alcides Ramón Magaña, el Metro, capturado el 13 de junio de 2001 en Villahermosa.

–Como regalo —explica Valle—, le entregaron Matamoros a Adán Segundo. Allí son invulnerables tanto él como su hermano Galo y los hermanos Marco Antonio e Hiram Rodríguez, el primero, agente del Ministerio Público Federal.

La ley del revólver. Sólo en Brownsville, Texas, al otro lado de Matamoros, se han perpetrado recientemente más de cuarenta ejecuciones. Todas con el mismo sello y al tiempo en que el repunte del cártel del Golfo, con Osiel Cárdenas a la cabeza, se hizo evidente y parecía imparable.

–¿Sabes cuál fue el gran error de Osiel? —pregunta el comandante González Calderoni.

–Creo que exhibirse demasiado.

–Lo imperdonable fue que secuestró y encañonó a dos agentes de la DEA en Matamoros. Por eso cayó de la gracia... lo mismo que Rafael Caro Quintero cuando en 1985 secuestró al agente Enrique Camarena Salazar en Guadalajara, y luego lo torturó en el Marengo, Michoacán.

–Usted mantuvo buena relación con la DEA, comandante...

–Fui el primero que les abrió las puertas. Antes eran unos apestados y ningún miembro de la Judicial Federal colaboraba con ellos. Yo hice lo contrario y cooperé.

Sólo después de esta confirmación, González Calderoni se anima a dar su propia hipótesis sobre el desarrollo del narcotráfico:

–Es un fenómeno principalmente económico. En México queremos verlo desde otra óptica, y por esta razón hay tantas equivocaciones. La cuestión es bastante más sencilla. En Estados Unidos las prioridades están a la vista: economía, educación, salud, seguridad nacional y narcotráfico. En ese orden; aunque el segundo y el tercer sitio pueden variar, los otros tres no.

–¿A dónde quiere llegar, comandante?

–A que el gobierno estadunidense no va a sacrificar lo primero, la economía, por el quinto de sus intereses, el narcotráfico. Nunca. Y le estoy dando una clave.

En efecto, según estudios muy frescos se estima que, en caso de desaparecer el narcotráfico como negocio, la economía estadunidense sufriría un desplome de entre 19 y 22 por ciento. Y no digamos la mexicana cuya caída se calcula, de darse tal circunstancia, en más de 63 por ciento. Una catástrofe sin precedentes y superior en seis tantos a los sacudimientos críticos de 1995, tras el "error" de diciembre de 1994, luego de la toma de posesión de Ernesto Zedillo.

–A Estados Unidos —insiste González Calderoni— le conviene mantener el tráfico de estupefacientes al sur de su frontera. Gracias a que existe es posible presionar al gobierno de México. De no mantenerse, no habría tantas posibilidades de negociar.

–Es un duelo de hipocresías encendidas...

–No puedes explicarte de otro modo la actitud de Barry McCaffrey, el zar antidrogas de la administración Clinton —tercia nuestro anfitrión—, cuando felicitó al general Jesús Gutiérrez Rebollo por los avances del combate a las mafias... apenas unas semanas antes de ser descubiertos los nexos del militar con el cártel de Ciudad Juárez. ¿No sabían o no querían ver?

Una cuestión económica. Como si las vidas segadas y la barbarie fueran sólo "males necesarios" dentro de una estructura dominada por intereses inconfesables.

–Puedes hacer una sencilla operación matemática —propone nuestro informante. El gobierno de México reconoce el ingreso anual de 150 mil millones de dólares, de los cuales 130 mil millones corresponden a las exportaciones, 6 mil a los envíos de los indocumentados y otro tanto a la afluencia del turismo. Quedan ocho mil millones de dólares cuya entrada únicamente puede explicarse por la vía del narcotráfico.

–Es evidente que no puede desaparecer la "industria del narco" así nada más. Tendría que ser sustituida por otra.

De cualquier manera, el pretexto para que Estados Unidos se entrometa en las naciones del sur, comenzando con México claro, obliga a guardar ciertas apariencias. Ninguno de los capos célebres en fuga ha sido aprehendido en Estados Unidos; algunos han sido recluidos aunque para garantizar los votos de silencio, como en el caso de García Ábrego, forzado a convertirse en "gringo" en contra de sus raíces tamaulipecas.

–Los vecinos del norte —puntualiza nuestro anfitrión— ya casi son autosuficientes.

–¿No será al revés, abogado?

240

–Me refiero al cultivo de mariguana: ya se cosecha en Estados Unidos 60 por ciento de la que se consume en ese país. Sobre todo en California, en donde tanto ahínco se ha puesto contra los infelices indocumentados.

Las derivaciones son múltiples, al igual que las falacias:

–Hay una empresa en auge, la Dupont —continúa el anfitrión—, que fabrica un precursor químico que reduce las pastas de la cocaína para convertirlas en cristales listos para la refinación.

–Es decir, si hubiera verdadera voluntad política para erradicar el mal, la tal industria hubiera sido clausurada. Pero es legal, ¿verdad?

–Absolutamente. Y una de las más prósperas del mercado de consumo mayor del mundo. Esto cuenta mucho cuando se trata de establecer coyunturas... y prioridades.

Todo el rubro de los "delitos contra la salud", tipificados cada vez con mayor rigor aun cuando los grandes responsables no son descubiertos, se persigue por decisión unilateral de los gobiernos. El abogado anfitrión puntualiza:

–Existe una diferencia significativa con el resto de la persecución criminal. En cuanto a los narcos, nadie los denuncia. Las "víctimas", por el contrario, son sus mejores aliados, porque consumen la mercancía y se vuelven adictos sin necesidad de ser capturados por los bombardeos publicitarios.

–Eso no los releva de su responsabilidad...

–Por supuesto que no. Sólo señalo las singularidades. De cada dólar que genera la industria de las drogas, sólo 15 centavos van a parar a manos del narco original. El resto queda muy bien distribuido.

–Pero hablamos de cantidades multimillonarias. Todos ganan, como con el cubilete.

–A la cárcel van los narcos que caen en desgracia, y sin denuncia de por medio. Las pesquisas se establecen en México a partir de las presiones internacionales y las solicitudes de extradición. Un círculo muy cerrado.

¿Cómo, entonces, puede descalificarse a quienes señalan hacia el contubernio entre la clase política y las mafias como punto de partida para ahondar en la materia? Es evidente el nexo, si bien los protagonistas se rehúsan a aceptarlo pretendiendo separar los intereses de unos y otros. Quienes detentan el verdadero poder usan a las instituciones cuando lo requieren:

—El Yune, por ejemplo —cuenta González Calderoni—, apenas tenía un año de ser dueño de Ciudad Miguel Alemán, en Tamaulipas. Y como se enfrentó a los grandes capos éstos consiguieron que el ejército nacional interviniera y lo aprehendiera. Así fue la trama de la película.

—Eso corrobora que tenía vínculos importantes.

—Mire: noventa por ciento de los narcos tiene orígenes muy fregados. Y se meten al rollo este para sobrevivir; el poder llega después.

—¿Y cómo podrían subsistir sin la colusión de muy altos personajes?

—Lo importante para ellos —sentencia el comandante González Calderoni, conocido como el Rey de la Tortura—, es que no se rompan los equilibrios. Los narcos requieren apoyos, desde luego, y los consiguen en las policías estatales y municipales.

—Eso será en cuanto a las bases de la pirámide...

—Déjeme explicarle: cuando la PGR deja espacios abiertos, éstos son cubiertos por los agentes locales. Es muy usual que los capos los contraten para las tareas más sucias, como las ejecuciones, para evitar comprometerse. Y los policías lo hacen porque, de otra manera, estarían a expensas de sus salarios miserables.

—Ahora, con el ejército en la PGR, la contaminación podría ser otra, comandante.

—Ése es el peor error de Fox: meter a los militares a la Procuraduría es tanto como corromperlos. Ya veremos los resultados.

—Además los sueldos nominales no son muy atractivos, según parece.

–Para nada —cuenta el anfitrión. Un agente del FBI, por ejemplo, recibe unos 80 mil dólares al año... mientras en México, un elemento equivalente apenas cuenta con 600 dólares al mes. Hay un abismo entre uno y otro.

Percibo que, dentro del tobogán judicial, todos viven adheridos a sus contactos y "palancas". Lo más trascendente es evadir la "barredora" con sus consiguientes recortes de personal. Y para ello no hay nada mejor que la complicidad. Los agentes más antiguos pueden decirlo.

Cuenta González Calderoni que una tarde fue citado en el despacho del "coordinador" del combate contra las drogas, el general Jorge Carrillo Olea —quien llegó al cargo en el segundo tramo de la administración salinista— para que informara de sus actividades:

–Le comunico, general, que Félix Gallardo podría estar detrás del asesinato del Lobito (un narcotraficante adversario). Quien lo mató es Héctor el Güero Palma, gatillero de Félix. Usted dirá...

Carrillo Olea meditó por unos instantes y, en seguida, pretendió zanjar el asunto:

–No es asunto nuestro, comandante. Es un homicidio común. Que investigue la Procuraduría de Sinaloa.

Unos días después, el entonces procurador, Enrique Álvarez del Castillo, quien fuera gobernador de Jalisco a la hora del encumbramiento del cártel de Guadalajara bajo el mando de los sinaloenses Caro Quintero y Félix Gallardo, ordenó a sus subalternos apersonarse en el aeropuerto de la ciudad de México y ahí interrogó a Carrillo Olea:

–Me imagino que tiene usted los números de serie y motores de los vuelos que hemos interceptado y de cuantos realizan operaciones sospechosas, ¿no es así?

–Debo de tenerla por alguna parte —respondió, tímidamente, el aludido.

–Pues búsquelos, general. De otra manera, le estamos sirviendo en bandeja de plata nuestro espacio aéreo a los narcos.

243

Cuando Carrillo retornó a sus oficinas, irritado, reprendió a sus subordinados, sobre todo a González Calderoni:

–¡Me han puesto en ridículo...! ¿Quién diablos tiene esas listas?

–Usted, general. Yo se las he pasado regularmente... pero usted nunca ha querido verlas.

–¡Carajo, comandante! ¿Qué está insinuando?

–Mire general: en ocho años de servicio, nadie me ha levantado la voz. Y usted no va a ser el primero en hacerlo. Se lo digo para que nos vayamos entendiendo.

Según González Calderoni, Carrillo bajó la cabeza y se replegó:

–¡Había puros maricones en la Procuraduría! —remata el comandante.

¿Una blanca paloma? Guillermo González Calderoni vive hoy en la frontera. Dice que no tiene escoltas, ni es reo de parafernalia alguna. Vive bien, viste camisas de seda y transita con absoluta libertad. Nadie lo toca.

–Será porque saben que yo, de verdad, sí conozco de lo que estamos hablando.

Y sabe invertir con ventajas, sin dejar rastro:

–Es el principal exportador de ropa usada a México —explica otro informante. El rubro es, desde luego, ilegal... pero es en este momento el mejor negocio, incluso más redituable que el narcotráfico.

–¿No estamos exagerando?

–Para nada. Una paca de ropa usada, de 120 kilos aproximadamente, puede valer 3 dólares en Estados Unidos y en México, al comerciarla, produce hasta 5 mil dólares. Es un negocio hijo de la pobreza, de la mendicidad más bien, bajo los basamentos del narcotráfico.

Las informaciones se cruzan. Las vendettas también. Es el viejo estilo inamovible. En el laberinto pervive el espíritu dicotómico: los malos son siempre los otros. Pero, desde luego, hay hilos conductores.

—¿No te habrás olvidado de Bitar Tafich? —me interroga el abogado.

—Imposible. Su nombre está conectado con algunos de los mayores crímenes políticos. Incluso con el asesinato de Colosio. Y es primo de Ricardo Canavatti Tafich, quien de salto en salto, haciéndose amigo de Luis Donaldo, llegó al Congreso de la Unión, a la vicecoordinación de la bancada priísta y a la presidencia del mismo partido en Nuevo León.

—Pues a Bitar lo acribillaron a los pocos días de declarar sobre el polémico escándalo sexual de Gloria Trevi. Aunque no murió.

Bitar, a quien en alguna ocasión el expresidente Ernesto Zedillo señaló como el principal sospechoso del asesinato de Colosio en Lomas Taurinas en marzo de 1994, figuró como relevante colaborador del Señor de los Cielos, Amado Carrillo Fuentes, y fue su joyero favorito. Hasta que abrió la boca y explicó:

—Amado estaba enamorado de Gloria. Y me pidió que, en su nombre, le entregara cuantas joyas quisiera. La joven señora se despachó a lo grande.

Ninguna pesquisa sobre el particular amplió la perspectiva. Y Tafich es una de las piezas clave para armar el gran rompecabezas de la geografía del narcotráfico en México.

—Y otro tanto puede decirse de los asesinatos de los tres hermanos Carrola Gutiérrez, Miguel Ángel, Marcos y Jesús, este último exjefe de la Policía Judicial de la ciudad de México, a finales de mayo de 2001 —insiste el abogado anfitrión. Porque estaban implicados también con el asunto Trevi... y sus conexiones con Amado Carrillo.

—Desde luego, Amado está en Brasil y no muerto, como divulgó la PGR...

—No está en Brasil —interviene González Calderoni. Se encuentra aquí, en Estados Unidos. Si no lo descubren es porque no quieren.

—¿Y el grotesco cadáver que exhibió la PGR en 1997?

—Era del Chiquilín González —confirma nuestro anfitrión—,

245

un antiguo jefe de seguridad de la Secretaría de Salubridad y Asistencia. Y te doy otro dato: trabajó con el licenciado José Antonio Sánchez Ancira, subdirector jurídico del Grupo Financiero Serfín.

–Serfín, ¿eh? El grupo rescatado seis veces por órdenes de Ernesto Zedillo, quien pagó así su fraterna, íntima amistad con Adrián Sada. Vamos atando cabos.

(Otra versión, también de buena fuente, contradice la personalidad del supuesto cadáver de Amado Carrillo: el "muerto" era el hermano de Amado. Se llamaba Cipriano.

De lo que no hay duda es de la buena vida que continúa dándose el Señor de los Cielos.)

Los camuflajes son excelentes. Cuando, a unas cuantas semanas de haberse inaugurado el periodo presidencial de Vicente Fox, el célebre capo Joaquín el Chapo Guzmán escapó del penal de alta seguridad de Puente Grande, más bien Puerta Grande, las autoridades dijeron estar pasmadas. Nadie encontró una pista y se dijo que se le buscaba por todo el país.

–Aquí lo atendimos —confiesa un médico internista del hospital Ángeles de la ciudad de México, propiedad de Olegario Vázquez Raña, hermano de Mario, uno de los grandes socios del expresidente Luis Echeverría.

–¿Llegó al nosocomio como Pedro por su casa?

–Alquiló todo el sexto piso de la torre, el que está reservado sólo para los ejecutivos. Y se le hizo una cirugía de reconstrucción. Estuvo menos de cuarenta y ocho horas.

–¿Y la vigilancia?

–La habitual, salvo la del propio Chapo.

Los mismos nombres, los mismos enlaces, las mismas rutinas. Todo queda, nada pasa, en la tierra de los narcos.

Las emboscadas

–Los primeros que se enteran siempre de las inversiones para "lavar" dinero son el secretario de Hacienda y el gobernador del Banco de México. A ellos les llega la información sobre la ruta de los capitales sucios. Ni modo que cierren los ojos.

Eso cuenta César Fentanes Méndez, quien logró vencer en cuatro juicios de extradición en su contra al gobierno de México y es considerado el alma del grupo El Barzón que aglutina a los deudores y ha puesto en jaque a los banqueros, tras casi una década fuera del país como consecuencia de las vendettas de los financieros de alto nivel exhibidos por él.

–En ese contexto —agrego— no extraña que Guillermo Ortiz Martínez tenga carta blanca en el Banco de México hasta 2003 cuando menos. Ni que Francisco Gil Díaz, el secretario de Hacienda designado por el presidente Fox al asumir la presidencia, sea producto del salinato y entenado de Pedro Aspe Armella, el mayor negociador mexicano de la historia en el frente estadunidense.

Andrés Manuel López Obrador, jefe del gobierno del Distrito Federal para el periodo 2000-2006 y uno de los principales compiladores de los sainetes del Fondo Bancario de Protección al Ahorro, el repudiado FOBAPROA, que fue antecedente del Instituto de Protección al Ahorro Bancario (IPAB), denuncia:

–Gil Díaz ha sido sota, caballo y rey. Primero como gerente del Banco de México, bajo la guía de Ortiz, intervino en la creación del IPAB y en el consiguiente traslado de los saldos rojos del FOBAPROA hacia la deuda pública. Después, en calidad de director de Avantel —la empresa de telefonía afín a BANAMEX-ACCIVAL—, negoció a favor de los banqueros y actuó para que fueran rescatados con el dinero del mencionado instituto. Y, finalmente, ya instalado como secretario de Hacienda, procuró las condiciones para la fusión de BANAMEX con el Citigroup y protegió a sus antiguos socios.

–No dejó ningún espacio libre, al parecer.

–Y, mientras tanto, recortan los participaciones federales a los estados y el Distrito Federal a costa de elevar las millonarias utilidades de los banqueros.

El signo mayor de descomposición es, desde luego, el flujo incesante de capitales hacia territorios considerados "paraísos fiscales" y cuando, como paradoja extrema, el régimen foxista inventa una reforma tributaria que aumenta considerablemente las pesadas cargas contra los causantes cautivos, los mismos de siempre.

–En Gran Caimán —me explica una experta en la materia—, las operaciones "off-shore", libres de fiscalización, permiten a los grupos financieros y a sus casas de bolsa obtener muy altas ganancias debido al "alto riesgo" con que supuestamente se manejan. No es así, desde luego: los inversionistas cuentan siempre con información privilegiada.

Los grandes banqueros de México han recurrido a las instituciones de las islas para asegurar sus ganancias. Tal es el caso, entre otros, de Roberto Hernández Ramírez, quien fuera patrón de Gil Díaz y ahora, tras la venta de BANAMEX, espera cobrar facturas accediendo al sector eléctrico todavía no desincorporado, no, cuando menos, al momento de dejar al banco con mayor capital contable del país.

–En México y Texas se anunció a principios de 2001 —continúa nuestra fuente—, que dos compañías exitosas, el grupo mexicano Hermes, cuyo presidente es Carlos Hank Rhon, hijo del maestro de Tianguistenco, y el texano Zachry, fundaron la compañía energética Hermes-Zachry destinada a construir un gran emporio eléctrico en el sureste y, específicamente, la planta Mérida 3, de ciclo combinado.

Ello en vísperas del proceso político en Yucatán en el que Víctor Cervera, el cacique, mantuvo cotas de poder al extremo de intentar desfondar al consejo electoral. Carlos Hank González, el patriarca, fue señor del sureste desde cuando, como delegado del PRI en Tabasco, creó la infraestructura necesaria para que se perpetuara su grupo y se expandiera, contra viento y marea.

–No se puede entender la historia reciente de Tabasco —cuenta el tabasqueño Humberto Hernández Haddad— sin la intervención de Hank.

Al respecto, mi querida amiga Manú Dornbierer me hizo una amable aclaración:

–En Los escándalos dices que un hijo del profesor Hank embarazó a la que es hoy señora de Roberto Madrazo Pintado —el exgobernador heredero—, pero te refieres al que se ahogó buceando en Cozumel. El asunto es bastante más grave.

–¿Por qué lo dices?

–Porque el nieto de Hank González, que reconoció como hijo el propio Madrazo Pintado, es hijo de Jorge Hank Rhon, quien todavía anda por ahí vivito y coleando. El mismo que maneja el hipódromo de Tijuana y es señalado como sospechoso del asesinato del periodista Héctor el Gato Félix.

El contubernio no puede ser más escandaloso. Según los indicios, Roberto Madrazo, ambicioso como pocos, consolidó así sus relaciones con los Hank redimiendo al hijo que más dolores de cabeza le ha causado al "maestro". Todo lo demás fue abonar sobre tierra fértil.

A Madrazo Pintado le inquirí, cuando planeaba lanzarse en pos de la candidatura presidencial priísta a principios de 1999, sobre su secuestro, cuando era gobernador, en las afueras de la ciudad de México en 1996. Divagó por unos instantes, alzó el cuello; solemne y reticente, me dijo:

251

—Ya habrá tiempo para hablar de ello. No lo creo importante por ahora.

—Pero señalaste al entonces procurador general, el panista Antonio Lozano Gracia, como uno de los más interesados en amedrentarte...

—Luego platicamos, ¿sí?

Y no modificó su actitud a pesar de la gravedad de sus asertos. Otro informante, identificado como el señor Ledezma, quien me alertó sobre el levantamiento chiapaneco antes de la toma de San Cristóbal de las Casas en enero de 1994, me dijo:

—Lo de Madrazo fue un ajuste de cuentas entre grupos conectados con los cárteles. O una llamada de atención, si se quiere, para que no pretendiera andar solo.

Algo similar ocurrió con el legendario Fernando Gutiérrez Barrios, secretario de Gobernación durante cuatro años del mandato salinista, quien jamás accedió a dar su versión sobre los hechos y más bien negó, en sendas cartas dirigidas a licenciado Juan Francisco Ealy Ortiz, director general de *El Universal*, que hubiera sufrido la privación de su libertad con el consiguiente agravamiento de sus males físicos.

—¿Murió don Fernando por causas naturales? —pregunto a quien fuera uno de sus cercanos colaboradores.

El silencio compromete; después, mi interlocutor defiende la memoria de su jefe:

—Digamos que había muchos interesados en adelantar su muerte.

Un hecho incontrovertible lo prueba. Días antes de su deceso, Gutiérrez Barrios recibió una advertencia:

—Tenemos imágenes de la matanza de Tlatelolco en 1968 en las que se le observa a usted, don Fernando, con grandes patillas, dando órdenes a los elementos con guante blanco del Batallón Olimpia desde una ventana.

Dos militares, de la llamada Inteligencia, fueron los mensajeros. Gutiérrez Barrios, en el escenario de la Plaza de las Tres Culturas, cumplió funciones como titular de la Dirección Federal de Seguridad, la policía política, y no se percató de que "alguien" lo filmaba. Treinta años después, en el senado de la República, don Fernando acabó siendo el "blanco" de todas las sospechas.

–Dos generales —cuenta mi informante— estaban muy alterados con todo este asunto: Jesús Castañeda Gutiérrez, quien comandó la Brigada de Paracaidistas y tomó el mando cuando cayó el general José Hernández Toledo, herido de bala, y Ramón Mota Sánchez, quien tomó parte en el operativo y luego accedió, en el sexenio de Miguel de la Madrid, a la jefatura de la policía del Distrito Federal.

Castañeda Gutiérrez fue jefe del Estado Mayor Presidencial con Luis Echeverría (1970-1976), tal vez como pago a sus servicios en el campo de batalla. El exmandatario, por cierto, nunca aceptó responsabilidad alguna en la ominosa masacre trasladándosela a quien fuera su superior jerárquico cuando ocurrieron los hechos, el entonces presidente Gustavo Díaz Ordaz.

–Gutiérrez Barrios jamás se deslindó de Echeverría... hasta la hora final. Sobre todo porque ambos tenían vínculos muy estrechos con la Inteligencia estadunidense.

Y así es. Descubro que en las listas de la CIA, don Luis y don Fernando tienen un número asignado, a saber:

–Echeverría Álvarez, Luis, Litempo 17.

–Gutiérrez Barrios, Fernando, Litempo 14.

Ello significa que don Fernando tenía mayor antigüedad que don Luis entre los reclutas de la poderosa agencia de inteligencia estadunidense; y que sendos personajes, a lo largo de sus carreras políticas, mantuvieron filiación y presencia al servicio de los intereses trasnacionales. Lo anterior está completamente confirmado.

Con tales evidencias se puede tejer la trama perversa que pudo llevar a Gutiérrez Barrios al "adelanto" de su muerte, misma que ocurrió en el hospital Médica Sur, de la ciudad de México, el 23 de octubre de 2000, para sorpresa del equipo profesional que lo atendió.

Ninguno de los especialistas había detectado insuficiencia cardiaca alguna y la causa del deceso fue, precisamente, la obstrucción de las coronarias según el parte facultativo final. Me dicen:

–Así como Gutiérrez Barrios representó la "conexión de 1968", y fue intocable por ello, Francisco Sahagún Vaca, el lugarteniente del general Arturo Durazo Moreno, jefe policiaco durante la regencia de Carlos Hank González (1976-1982), puede considerarse la "conexión policiaca" y el consiguiente origen de la infección militar por parte de las mafias.

Sahagún Vaca, a quien se señaló por organizar a las bandas de asaltantes destinados a nutrir las alforjas de Durazo durante la época de mayor corrupción policiaca registrada, precisamente al correr del sexenio de José López Portillo, desapareció de la escena pública cuando "su" general de pacotilla, el Negro, se convirtió en el villano favorito apenas asumió la presidencia el "renovador moral" Miguel de la Madrid, a cuya sombra se dio el "boom" de los llamados cárteles del narcotráfico. Y sólo volvió a saberse de él con motivo de su asesinato, sin mucho ruido claro.

–Sahagún Vaca —prosigue nuestra fuente— es tío de Martha Sahagún Jiménez, la exvocera presidencial de Vicente Fox, convertida en primera dama y en la mujer con mayor poder en el México de la primera alternancia.

La influencia de Martha dejó sentirse desde el momento mismo en que la convocatoria nacional del PAN convirtió a Fox en opción política viable en 1998, atajando éste las intrigas de sus más allegados, incluso las de aquellos que le vieron crecer a la vera de Herman H. Fleishman y de los concesionarios de la Coca-Cola en México:

–Si me dan a escoger —atronó contra sus colaboradores en plena campaña por la primera magistratura—, entre Martha Sahagún y José Luis González —uno de los fundadores de los Amigos de Fox—, me quedo con Martha.

Y con ella arribó a la sede del poder, a Los Pinos, desatando una especie de "guerra santa" entre sus hijos adoptivos y la mujer con quien primero se desposó, Lilián de la Concha, por una parte, y su exvocera, la incondicional michoacana, por la otra.

–¿Y qué tan bien se llevaba Martha con su esposo Manuel Bribiesca? —pregunto a una de las auxiliares de la vocera presidencial.

–Era un tipo odioso, insolente. Le hacía muy pesada la vida a la señora Sahagún.

Conocí al matrimonio Bribiesca-Sahagún en Celaya, cuando acudí a dar una plática a la universidad de esta pujante ciudad de Guanajuato en junio de 1998. A la mesa, me atreví a preguntarle a la señora sobre los rumores de los maledicentes. Lo hice con el mayor cuidado pero, desde luego, el tema no dejó de ser impertinente y su planteamiento fue seguido por un pesado silencio:

–Son sólo inventos —atajó la señora Sahagún mientras su esposo escudriñaba. Algunos no pueden aceptar que una mujer trabaje y merezca la confianza de su jefe. Vicente es el gobernador y es mi amigo, además. Eso es todo.

Noté en el gesto de Martha que mi audacia, casi una grosería, le había venido bien para zanjar alguna disputa familiar pendiente. Lo observé porque el señor Bribiesca, bastante discreto durante la cena, se relajó de inmediato y modificó su semblante.

–No le ha ido mal a Manuel Bribiesca —explica mi informante. Está ahora al frente, nada menos, de la Planta Recuperadora de Plásticos de PEMEX, una de las ramas más redituables y ambicionadas por los líderes sindicales desde los tiempos caciquiles de Joaquín Hernández Galicia.

El cargo da para algo más que respirar financieramente. Y exhibe el peso de las alianzas de toda índole en la perspectiva política de México. Si tal pasa en relación con asuntos íntimos, que deberían quedarse en este nivel pero que aún así trascienden al escenario público por la relevancia de los protagonistas, no es sorprendente corroborar hasta dónde llegan los vínculos cuando se trata de borrar huellas a lo largo del sinuoso camino del poder.

255

Con Martha, dinámica y ambiciosa, en Los Pinos, parece torpe hablar de reelección. Más bien es momento de analizar una posible sucesión en el círculo privado de la alcoba presidencial.

Durante una nueva incursión por McAllen, a donde confluyen los perseguidos y también los protegidos, un amigo me advirtió:

–¿Quieres llevarte una sorpresa? Sólo te pido que visites la sucursal del Laredo National Bank.

–¿El banco de los Hank? Me imagino que algún secreto debe guardar.

–No vas a dar crédito.

Y así fue. Debo confesar que cuando observé trabajando a un "doble" de Mario Aburto Martínez, el asesino confeso de Luis Donaldo Colosio, sentí un escalofrío. Ahí estaba, sí, quien se hizo célebre como agente del CISEN al servicio de la Secretaría de Gobernación y, sobre todo, por encontrarse en el escenario de Lomas Taurinas cuando se atentó, en marzo de 1994, contra el candidato presidencial priísta.

–Sí, es José Antonio Sánchez Ortega. ¡Cómo se parece a Aburto!

Y es que el personaje fue detenido dando lugar al análisis de los distintos "Aburtos" que fueron vistos al pie de la plataforma del mitin priísta o cuando intervenían, de una manera u otra, en la ruta final del malogrado candidato. La sospecha no prosperó aun cuando las semejanzas dan lugar a todo tipo de especulaciones:

–Es muy posible —insiste nuestra fuente— que Sánchez Ortega haya sido canjeado por Aburto cuando Manlio Fabio Beltrones, entonces gobernador de Sonora y uno de los mejores discípulos de Fernando Gutiérrez Barrios, tuvo el privilegio de quedarse a solas y conversar durante cuatro horas con el detenido in fraganti.

–Y ahora trabaja para los Hank Rhon. Parece una historia de ciencia ficción. O mejor dicho, la realidad, como apuntó Mario Vargas Llosa, ya supera cualquier trama novelada.

Sánchez Ortega está ahora a cargo de la seguridad del Laredo National Bank, el corazón del emporio de los Hank Rhon, cuya filosofía hay que mencionar en el contexto de las grandes pujas por el poder:

–Se puede sobrevivir siendo enemigo de un régimen, jamás de dos seguidos —sentenció el maestro Carlos Hank para advertirme sobre mi futuro en el periodismo.

Durante el periodo de Miguel de la Madrid, el extinto Hank se mantuvo al margen, distante diríamos, midiendo terrenos y apuestas. Es curioso el hecho porque exhibe la dimensión de los acomodamientos cupulares al inicio de cada sexenio. Y así Hank no tuvo límites durante el sexenio de su amigo José López Portillo (1976-1982) y luego debió calentar la banca hasta el arribo de Carlos Salinas:

–Vino a verme Salinas —me dijo entusiasmado Hank en la víspera del "destape" del señor de Agualeguas. Es un joven brillante. Lo hará muy bien.

Y con Salinas fue secretario de Turismo, por breve lapso, y de Agricultura y Ganadería la mayor parte del derrotero, aun salvando los escollos de la enfermedad. El obligado paréntesis durante la administración de Miguel de la Madrid, por ende, se inscribe por supuesto en la disputa por el verdadero poder, y en el surgimiento de los grandes cárteles del norte del país: los Arellano en Tijuana y, sobre todo, Amado Carrillo en Ciudad Juárez.

Una puja que, al parecer, tuvo dos aristas: Hank, por una parte, y Manuel Bartlett Díaz —señor de Bucareli durante aquel periodo y quien prohijó las derramas sucias para paliar el terrible retroceso económico marcado por el estancamiento en 1986 y 1987—, por la otra. Un lugar común los delata: su resistencia, contra viento y marea, a pesar de los severos señalamientos en su contra.

El primero que acudió a los funerales de Carlos Hank González, en el rancho Don Catarino, al mediodía del sábado 11 de agosto de 2001, fue el expresidente Miguel de la Madrid:

–Parece una recreación de *El padrino* de Mario Puzo —se escuchó decir.

257

Y es que De la Madrid parece ser el "rival" que le sobrevive a Hank... en el ojo de la mafia.

–¿Quién mató a Manuel Buendía? —preguntó un amigo común a José Antonio Zorrilla Pérez, extitular de la extinta Dirección Federal de Seguridad aprehendido en 1989 como autor intelectual del asesinato del columnista de *Excelsior* perpetrado el 31 de mayo de 1984.

Zorrilla gesticuló, movió las manos, se inquietó. Al paso del tiempo, doce años ya, logró ser el jefe de su sección en el Reclusorio Norte de la ciudad de México. Los internos lo respetan y temen. Y él provee, negocia, manda para decirlo claramente. Por supuesto, no concede entrevistas salvo cuando se trata de conocidos suyos, de hombres de confianza.

–¿Quién lo mató? Yo no, que quede claro —respondió, molesto, ante la insistencia de su interlocutor.

–Por favor, José Antonio. No nos hagamos. Tú sabes y tienes que decirme. Si no fuiste tú, ¿qué haces aquí?

–Me callo porque si hablo las consecuencias podrían ser mayores. Tú sabes como se las gastan estos señores.

–¿No es hora de hablar? Dímelo, ¿quién lo mató?

–Ahí te va lo que puedo comentarte. La orden partió, directamente, de Miguel de la Madrid. Y el operativo fue organizado por Manuel Bartlett Díaz, mi jefe entonces, y el general Juan Arévalo Gardoqui, titular de la Defensa Nacional. Yo nada tuve que ver...

–Pero Bartlett, entonces secretario de Gobernación, era quien te daba órdenes.

–Él no usó para asesinar a Buendía a la Dirección Federal de Seguridad. Utilizó al ejército. Y concretamente a un teniente coronel cuyo nombre me guardo. Ellos fueron los ejecutores.

–Pero tú llegaste a la escena del crimen, en la avenida de los Insurgentes de la ciudad de México, antes que nadie. Como si supieras.

–Fui porque me mandó Bartlett. Así como te lo digo. Me llamó Luis Soto, su secretario particular, y me giró la instrucción. Y acudí, además, porque Buendía y yo teníamos una íntima amistad. Pero yo no fui.

La historia no paró ahí. En los prolegómenos de la nominación del candidato priísta a la presidencia en 1999, a través del mismo interlocutor, Zorrilla envió un mensaje a Francisco Labastida Ochoa, titular de Gobernación en ese entonces:

–Toño Zorrilla —le comunicó el enviado— puede poner en jaque a Manuel Bartlett que tanto ruido está haciendo.

–Es un asunto muy riesgoso —replicó Labastida. ¿Cómo lo haría?

–Si lo sacas del Reclusorio está dispuesto a hablar. Mándalo a otro sitio, a Morelos o Hidalgo, por ejemplo.

–¿Qué le preocupa a José Antonio?

–Bartlett lo tiene rodeado. Un grupo de narcos se ha apostado en las celdas que flanquean la suya. Teme que, a la primera, lo eliminen.

Labastida pidió tiempo para pensarlo y lo consultó con su subsecretario de Comunicación Social y operador principal de la precampaña, Emilio Gamboa Patrón, el gran favorito de De la Madrid y uno de los implicados en la historia de las Boquitas Pintadas. Días más tarde, Labastida se puso en contacto con el amigo de Zorrilla:

–Primero que hable José Antonio. Que suelte la lengua. Luego actuaremos nosotros.

–Si lo hace dentro del penal sería tanto como si se suicidara.

–Pues entonces —sentenció Labastida—, dejémoslo así. No vamos a caer en una trampa.

Gamboa Patrón, por supuesto, respiró hondamente. Y Francisco Labastida, quien se creyó invencible como cuantos lo antecedieron como abanderados priístas, comenzó a cavar su propia tumba política.

259

El procurador general, Rafael Macedo de la Concha, puntualiza sin alterarse el 15 de mayo de 2001:

–Esto (el sistema) no ha cambiado. La columna vertebral de nuestras fuerzas armadas es la disciplina y cuanto atente contra ella pone en riesgo la seguridad del Estado. En el rigor de su observancia está implícita su ejemplaridad.

Así respondió el general Macedo a la pregunta acerca de si el ejército, formado en un espectro liberal, se había sentido "incómodo" —usando los eufemismos ineludibles—, al acceder la derecha triunfante a la presidencia de la República. Y añadió:

–No percibo riesgo alguno. Y es que existen principios irrenunciables: las instituciones, el presidente, el pueblo. En este sentido somos (los militares) indeclinables.

Nada ha variado, nada se ha sacudido. El presidente Vicente Fox sostiene que deben evitarse los cambios drásticos. Y al respecto, Jaime González Graff, cuya ausencia definitiva nos llegó el 6 de junio de 2001, me dijo apenas tres semanas antes de su partida:

–Sí, votamos por un cambio drástico. Sólo así será posible sacudir, en serio, las entrañas podridas del sistema.

González Graff ya no podrá ver el siguiente capítulo. Mientras algo pasa, los secretos se guardan bien en la Procuraduría General. Sobre todo ahora, cuando los controles judiciales están también en manos de militares de carrera y las sospechas sobre éstos se acentúan. Parece una tradición.

–El 16 de septiembre —me informa un elemento conectado con las fuerzas armadas— es la fecha más esperada por Jaime Camil, el gran amigo de Ernesto Zedillo, su cómplice y confidente.

–¿Por qué lo dices? ¿Tiene algo que ver el desfile militar?

–¡Mucho! Camil es el gran proveedor, bajo los auspicios de la presidencia, y hasta el año 2000 cuando menos. Él es quien surte a los soldados de todo, desde guantes y botas, hasta sus pertrechos.

–Como si fuera un concesionario.

–Lo es en el renglón de las armas. Es el gran puente entre el ejército y el gobierno civil... en el campo de los negocios.

En junio de 2001, tras difundirse la noticia sobre la aprehensión, en Argentina, del expresidente Carlos Saúl Menem, recién casado y exhibido, para dar seguimiento a la acusación por contrabando de armas en su contra, nuestro interlocutor me telefoneó:

–Si Menem habla... van a peligrar Camil y Zedillo. Son las piezas que faltan en lo relacionado con el tráfico ilegal de armamento.

–Hablamos de una red internacional entonces.

–Sí, ya se han descubierto los enclaves en todas partes, menos en México. Seguramente se alegará que el asunto es de seguridad nacional y que no es menester llevar adelante cambios drásticos.

–Muy conveniente para Camil... y Zedillo.

Si hablamos de contrabando debemos considerar que los destinatarios no pueden ser las fuentes oficiales, sino las clandestinas. Los insurrectos de Chiapas, por ejemplo, quienes, en voz del subcomandante Marcos, aceptaron haberse pertrechado en el mercado negro, movido y administrado por algunos mandos militares intocables. Tal fue una de las primeras aseveraciones del "sub" a pocas semanas de la toma de San Cristóbal, en enero de 1994. Luego, como es habitual, se hizo el silencio.

–En Batopilas, un ejido de Coahuila —me dicen en Saltillo—, puede estar el origen del EZLN.

–¿Y eso por qué?

–Ahí se juntaron algunos de los grandes protagonistas de lo que sería el movimiento zapatista tres lustros antes del estallido. El párroco Samuel Ruiz, Gustavo Gordillo, Evaristo Pérez Arreola, Hugo Andrés Araujo, Adolfo Orive... y los hermanos Raúl y Carlos Salinas de Gortari.

En ese entonces los inquietos muchachos, motivados por el incendio ideológico del maoísmo, fundaron la Tribuna de la Juventud

261

y desde ella comenzaron a reconstruir el mundo a su entender. Luego llamarían a otros, como ellos, ávidos de celebridad: Emilio Lozoya Thalman y Manuel Camacho Solís. Y fue Camacho quien propuso:

–Vámonos a Chiapas. Ahí tenemos más horizontes.

Y los tenían claro: el suegro de Camacho, el doctor Manuel Velasco Suárez, era, nada menos, el gobernador de la entidad más rica en recursos y más pobre por la explotación inmisericorde de los seres humanos. Poco después, Samuel Ruiz, llamado el Tatich, fue designado obispo de San Cristóbal de las Casas, cerrándose el círculo fraternal con todo tipo de parabienes.

Y otro joven inquieto, Alfonso Romo, también comenzó "a velar" por Chiapas. Con él, desde luego, los proyectos económicos estaban asegurados en una geografía marcada por los enclaves del narcotráfico.

–¿Dónde permaneció escondido Joaquín el Chapo Guzmán, cabecilla del cártel de Sinaloa, tras su espectacular fuga del aeropuerto de Guadalajara consumado el crimen contra el cardenal Juan Jesús Posadas Ocampo? —me pregunta nuestra fuente.

–En Chiapas, desde luego. Y fue capturado en la ribera del Suchiate, en los límites entre México y Guatemala.

–No fue simple casualidad. Los mandos del ejército nacional saben muy bien que la ruta antigua del narcotráfico pasa por el territorio en conflicto. Es algo que Marcos prefiere omitir en pro de su discurso sobre la redención social y los derechos de los pueblos indígenas.

–¿Insinúas que Marcos los protege?

–Simplemente afirmo que hay una coincidencia geográfica que no podemos soslayar. No, al menos, si se pretende encontrar la senda de la verdad y no la de la simulación.

Sobre las huellas sangrientas de los asesinos del cardenal Posadas —¿el Chapo o los hermanos Arellano Félix?— y cuando se cumplen ocho años del drama, acaecido el 24 de mayo de 1993 en el estacionamiento del aeropuerto tapatío, las sospechas apuntan más arriba pero no se desligan del narcotráfico.

–¿Por qué nadie —pregunto— ha relacionado el bárbaro suceso con el asesinato de un hermano del Cardenal, semanas antes de la muerte de éste, acaso victimado también por asuntos conectados con la peor mafia de nuestro tiempo?

Esta interrogante, clave para desmenuzar las condiciones prevalecientes entonces y ahora, jamás ha sido respondida, menos aún por los distintos titulares de la PGR a quienes he entrevistado al respecto, desde Jorge Carpizo hasta Jorge Madrazo Cuéllar. La consideran, simplemente, de poca monta.

Una versión sobre aquel desgraciado suceso amplía la trama oscura, desdeñada sobre todo por Carpizo, el primero de quienes asumieron la averiguación judicial con el apoyo del inefable Nintendo para presentar el croquis del lugar y los posibles movimientos de los automóviles de los protagonistas. Monseñor Girolamo Prigione, en el tránsito de delegado apostólico a nuncio de la Santa Sede, me contó:

–Cuando bajé del avión en Guadalajara —no olvidemos que el cardenal acribillado acudía a recibirlo—, los elementos de seguridad nos detuvieron en la misma "manga" que conducía a la sala del aeropuerto.

–¿Qué les dijeron, excelencia?

–Que estaban asaltando a un banco y que debíamos volver a bordo de la aeronave. Escuchamos, incluso, algunos disparos.

El relato apunta hacia un hecho soslayado en la investigación de los sucesos: la balacera se inició adentro y no afuera del edificio terminal. Y ello nos conduce hacia la posibilidad de un complot dirigido, probablemente, contra el representante del Vaticano en México. Al respecto, Prigione opinó:

–Pudiera ser. No lo descarto. Pero creo en la hipótesis oficial porque es la más cercana a la realidad.

Rescatado de entre los periodistas, Prigione fue conducido a una patrulla de la Policía Judicial Federal, ya informado del crimen. Y recibió un telefonema por demás extraño:

–¿Dónde estaba, excelencia? —preguntó el presidente Carlos Salinas de Gortari. Nos tenía usted muy angustiado. No sabíamos qué le había pasado.

–Me tenían dentro del avión, señor presidente —respondió el jerarca eclesiástico. Todo esto es muy extraño.

–Voy a viajar a Guadalajara. Espéreme, por favor.

Y fue así como Salinas llegó a la capital de Jalisco por la tarde del 24 de mayo, entró en la catedral —lo que no hacía un jefe de Estado desde los tiempos de la Cristiada en la década de los veinte— y luego retornó a la capital del país llevándose, por supuesto, a monseñor Prigione.

Tiempo después, en noviembre, el propio clérigo sería sorprendido por la visita de los hermanos Arellano Félix, del cártel de Tijuana, y gracias a los auspicios del entonces obispo de la diócesis de Tijuana, Carlos Emilio Berlié Belauzarán, después designado arzobispo de Yucatán.

–Llamé al presidente Salinas —me dijo Prigione— y luego éste ordenó que se presentara Carpizo, quien fue llevado a Los Pinos en pijama.

–¿Qué le dijeron?

–No querían que Benjamín Arellano Félix, el primero que me entrevistó vestido como enfermero y cargado de medallas religiosas, permaneciera en la nunciatura. Y se negaron a dialogar con él porque Carpizo señaló que se trataba de un criminal a quien sólo podía tomarse su declaración ministerial.

Lo curioso del asunto fue que, puestos al tanto el presidente y el entonces procurador general, se protegió a los Arellano en sus respectivas salidas de la sede diplomática como si se tratara de fieles comunes prestos a recibir la absolución. Y ocho años más tarde se retomó el escándalo. Las vendettas continúan.

–¿Por qué señalaría el doctor Salinas, en su pretendida venganza, los "problemas de origen" de su sucesor, Ernesto Zedillo? —cuestiono a mi fuente.

264

–Quizá porque de conocerse el nombre del verdadero padre de don Ernesto podría ocurrir una conmoción.

–¿Y ello por qué?

–Si la madre de Zedillo llegó a Mexicali, es porque desde ahí pretendía internarse a Estados Unidos. Y no lo logró. Acabó casándose con el electricista Rodolfo Zedillo.

Indagué al respecto. Existía la posibilidad de que el progenitor de don Ernesto hubiera sido, por ejemplo, un estadunidense, lo que le habría inhabilitado para ejercer la presidencia —la reforma respectiva, tendiente a facultar a los hijos de padre o madre extranjeros para acceder a la primera magistratura, entró en vigor seis años después y el primero en aprovecharla fue Vicente Fox.

Pero no. Al fin di con el nombre:

–Su padre es el general Luis Eduardo Sánchez Rebollo —el mismo nombre de pila tiene su primogénito, el hermano mayor—, por mucho tiempo asignado a la región de Baja California —me informan sin asomo de duda. Ésta fue su carta de triunfo para lograr el beneplácito del ofendido ejército nacional tras el asesinato de Luis Donaldo Colosio, y la irrupción del propio Zedillo, quien había prohijado las acusaciones hacia el alto mando por la matanza de Tlatelolco en octubre de 1968.

–Pero ¿por qué el asunto puso en riesgo la seguridad del Estado?

–Los secretos se los llevó a la tumba el general Sánchez Rebollo, sin parentesco, al parecer, con el general Jesús Gutiérrez Rebollo degradado y confinado en 1997 por órdenes de Zedillo al descubrirse sus presuntos vínculos con el cártel de Ciudad Juárez.

En este contexto transcurre el primer régimen de la alternancia en la todavía incipiente democracia mexicana. El 16 de mayo de 2001, en su oficina de Los Pinos, relajado tras haber rendido su primer informe semestral, el presidente Fox me confía:

265

–Estoy de acuerdo con tu apreciación sobre las mafias.

–No se han ido, señor presidente. Podrían estar preparándole una emboscada. ¿Qué va usted a hacer?

–Es de esperarse que como ya ganaron mucho dinero con México... se vayan yendo.

¿Sólo ingenuidad? No quise interrumpir al mandatario, orgulloso de su popularidad:

–Puedo decirte una cosa: en los cinco meses que duró la transición de un régimen a otro, los que nos entregaron cuentas se prepararon muy bien. Y no hemos encontrado nada.

Los reacomodos, desde luego, lo confirman.

–Aquí estuvo Salinas —le digo al presidente a manera de despedida. ¿No necesita usted a un buen exorcista? Se han vuelto a poner de moda.

–Ni hablar —expresa Vicente Fox arqueando las cejas y con gesto sonriente. Vamos a pensarlo.

Epílogo: provocaciones finales

–Vas a ver que habrá sorpresas en la elección presidencial. Las cosas no están como piensan los hombres del poder...

Transcurre 1987. En la cafetería del hotel Real de Minas de Querétaro, dos políticos guanajuatenses se conocen y se miden. Es Vicente Fox, alto y provocador, quien lanza la sentencia como remate a su encuentro con el priísta Ignacio Vázquez Torres. Los dos, ocho años después, disputarían la gubernatura de su entidad con las cartas marcadas a favor de Fox.

–Recuerdo que ésa —confiesa Vázquez Torres— fue la única frase que me impresionó de Vicente aquel día. Por lo demás, parecía un discípulo ávido de información, apuntando todo en una pequeña libreta.

–Como si te entrevistara...

–Más bien aprendiendo, captando, midiendo. Yo no podría imaginarme entonces que sería mi mayor adversario. Porque lo sigue siendo ahora que ya es presidente de México. Lo es en cuanto al concepto de nuestra historia, nuestra ideología y nuestra perspectiva de nación.

–¿No le notaste "patas para gallo"?

–La verdad no. Su físico era extraordinario, pero no su retentiva, ni su capacidad de análisis. Me habían dicho que, recién incorporado al PAN, sería un rival de cuidado. Y por eso quise conocerlo. Pero no me impresionó.

Meses después del primer contacto, en la boda de la hija de un amigo común, el anfitrión los reunió y les dijo a quemarropa:

–No sé por qué veo aquí el futuro de Guanajuato.

Entonces Vázquez Torres, bajo de estatura y con mirada siempre escudriñadora, soltó una frase que pretendió lapidaria:

–Ya tengo mi lema de campaña —dijo. A ver cómo les suena: "La estatura se aprecia en razón inversa a la capacidad política".

Fox se quedó serio, desafiando con la mirada. Sin agregar palabra alguna, simplemente se alejó del grupo y minutos después se despidió, cortante.

–Jamás me lo perdonó —reconoce Ignacio Vázquez Torres, "Nacho" para sus afines en Guanajuato. Y cada vez que se refería a mí me llamaba el Chaparrito.

–Bueno... yo tengo parte de la culpa —intervengo. Cuando fui director del *Diario de Irapuato*, entre 1981 y 1984, acuñé un adjetivo para referirme a Enrique Velasco Ibarra: el Pequeño Gobernador. No intuí siquiera que podría ser un antecedente.

–Y lo fue en más de un sentido, Rafael.

Pocos saben cuáles son los orígenes políticos de Vicente Fox, salvo que fue invitado a participar en la campaña presidencial de Manuel J. Clouthier, Maquío, a finales de 1987. Sin embargo antes, como activo miembro del Centro Patronal de León, formó parte de la CNOP, uno de los sectores del PRI que entonces aglutinaba por igual a empresarios y "fuerzas populares":

–Fox fue hechura —cuenta Nacho Vázquez— de un singular hombre de empresa: Roberto Plascencia Saldaña, dueño de la fábrica de calzado Flexi, y quien encabezó el consejo municipal de León luego de anularse la "victoria" del priísta Amador Rodríguez Leyarizpe en 1966.

Plascencia Saldaña, primo hermano de Carlos Medina Plascencia, quien fue gobernador interino luego de los desaseados comicios de 1991 en los que participó por vez primera Fox en pos de la gubernatura, tuvo fama de ser un alcalde de excepción, buen promotor

270

y honesto administrador. Sin embargo, el PRI jamás aprovechó su caudal político, y optó por las imposiciones centralistas:

–A Velasco Ibarra —comenté en la columna "Piense" cuando el Pequeño Gobernador pretendió ejercer la represión contra sus críticos—, lo hizo gobernador su jefe López Portillo, al igual que el Quijote mandó a su escudero Sancho a una ínsula. Enrique Velasco, secretario privado de don José, era más bien su valet.

Y fue entonces, en plena descomposición, cuando Vicente Fox dio sus primeros pasos por la senda política.

–Además de Plascencia —explica Vázquez Torres—, Fox contó con la simpatía e impulso de Raúl Robles Álvarez. ¿Lo recuerdas?

–Por supuesto. Fue el secretario de Finanzas de Velasco y su compañero de despacho. Acabó confinado, por un año, como responsable de un fraude millonario en perjuicio de las arcas del Estado.

Precisamente, acaso por órdenes de Miguel de la Madrid quien, como correspondía entonces, quería afrentar a su antecesor, José López Portillo, como parte de la fórmula para consolidar el poder presidencial sexenio a sexenio, el titular de Gobernación, Manuel Bartlett, dispuso la destitución del secretario de Finanzas, el mencionado Robles, del procurador de Justicia del estado y del secretario de Gobierno, quien fue relevado por Salvador Rocha, marcado con el hierro del propio señor de Bucareli.

–Así empezó el deterioro del PRI —resume Vázquez Torres— hasta que me tocó bailar con la más fea en 1995.

–¿Por qué aceptaste ser candidato si la perspectiva era tan negra?

–Creí en Luis Donaldo Colosio. Él me dijo, días antes de su asesinato, que la elección en Guanajuato sería en diciembre de 1994 y no hasta 1995. Y me pidió que hablara con su coordinador.

–¿Ernesto Zedillo?

–Sí. Todavía acudí a él con la ingenuidad propia de quienes confiábamos en el PRI. Y también le creí. Me dijo que ya estaba arreglado todo para que las elecciones se programaran para ese mismo año.

271

—¿Por qué no ocurrió así?

—Quizá porque ellos, los panistas, no estaban listos, y manejaron los tiempos como les dio la gana. Fíjate: incluso yo gané la senaduría en la elección federal de 1994, con amplio margen, al lado de Rocha Díaz, y compitiendo contra la mancuerna panista integrada por Alfredo Ling Altamirano, quien luego sería secretario general del PAN, y Arturo Torres del Valle, uno de los cuñados de Fox.

—¿Un hermano político "incómodo"?

—Ése es el otro, Adolfo Gómez Velázquez, quien ha sido señalado por un presunto fraude en la Comisión Nacional del Agua.

Fox como eje de todo. Santiago Creel, en funciones de secretario de Gobernación, asumió que el tema de la reelección no sería incluido en el paquete de la reforma integral del Estado. Pero lo mencionó, claro, con aviesas intenciones.

Yo no sé por qué recordé un pasaje del porfiriato cuyo estilo se niega a morir. Una tarde, por allá en el lejano 1984, el general Porfirio Díaz accedió a compartir con su compadre y amigo, don Manuel González, en el rancho de éste. A la hora de las confidencias el entonces jefe del país le dijo a su anfitrión:

—¿Sabes, compadre? La mera verdad a mí no me interesa reelegirme.

De inmediato, González se puso en pie y comenzó a subir persianas y cortinas.

—Pero ¿qué haces compadre? —preguntó don Porfirio.

—Estoy buscando a un tarugo que te lo crea...

En este entorno, tras el sacudimiento de julio de 2000 y la asunción de Vicente Fox, acudo a Los Pinos el 16 de mayo de 2001 con un apretado cuestionario. El presidente, relajado tras rendir el primero de sus informes semestrales —serán trimestrales según promesa—, escucha, no se sorprende por el interrogatorio y no elude ninguna pregunta.

—¿Cómo garantizar que romperá usted con el pasado? ¿Se ha protegido a los representantes del viejo régimen?

El tono es encendido:

–En esto voy a ser terminante: nunca voy a tolerar la impunidad. Ahora: no tengo por qué romper con el pasado que, de una u otra forma, nos pertenece a todos. Estoy para gobernar, para tratar de construir en México una historia de éxito entre las naciones y para hacer cumplir la ley.

–¿Le preocupa una posible y vigorosa andanada por parte de las mafias, bandas, cárteles y demás organizaciones reñidas con la legalidad?

–Estoy consciente de ello. Son riesgos que, lamentablemente, pueden convertirse en costos. Pero quienes tenemos depositada la confianza de toda una nación no podemos ser rehenes del miedo. Vamos a enfrentarlas... con la seguridad de que les vamos a ganar.

La mafia, la vieja mafia está midiendo al presidente. Y así lo expuse. Sobre todo porque, en la perspectiva de 2001, más nos valdría un sacudimiento que sería indicio alentador: la muestra de que Fox no ha sido cooptado.

–¿Cuáles son los riesgos para un cambio drástico?

–La cerrazón —enfatiza Fox—, el rencor de quienes, para oponerse al cambio, pueden pasar de la presión a la violencia. Creo que el gobernante debe conducirse con prudencia. Como dicen por ahí: "Voy despacio, que llevo prisa".

Responde sin dar nombres, sin puntualizar. Zedillo los llamó "malosos", sin citarlos. Pero ahí están, sostenidos mientras pasan los aires de cambio, siempre al amparo de la complicidad.

–¿En dónde se encuentran, señor presidente, las mayores resistencias?

–Creo que en la desconfianza y el miedo de algunos miembros de la oposición para sacar adelante algunas de las grandes reformas que urgen a México. Se necesita de la generosidad y la honestidad intelectual de todos los actores políticos. Hay veces en que éstos parecen mucho más interesados en mantener sus cotos de poder, en tener sitiado al gobierno y en amenazarlo con la inmovilidad.

273

¿Autocrítica? La defensa de su reforma fiscal, la primera de las grandes prioridades de la administración foxista, cae en los basamentos del viejo régimen que justificó su impopularidad, lo que no es el caso todavía con relación a don Vicente, en aras de la eficacia.

—¿Cómo evitar caer en tentaciones?

—Pongo de por medio —acentúa Fox— la esperanza de millones de mexicanos cuya expresión, "no nos falles", sigue sonando en mis oídos. Porque cada día la gente que me rodea me hace sentir responsable de que soy el presidente de la República y que busqué serlo para cambiar las cosas, para mejorar las condiciones de vida de millones de mexicanos a quienes convencí de votar por mí.

—¿Cuál es su mayor desafío?

—Ganar la confianza y el espíritu de colaboración de aquellos que no están de acuerdo conmigo. Y ganarme el respeto y ánimo de mis adversarios políticos para trabajar por el bien del país.

—Entonces, ¿tolerará usted a la crítica?

—Yo la tolero, desde mucho antes. ¿A poco no ves las caricaturas que luego sin razón o sin ella hacen de mí y algunos de mis colaboradores? Yo aguanto vara, pero si me preguntas cómo preferiría que fuera la crítica te diría que respetuosa, veraz, informada, constructiva. A veces me desespero cuando me entero de críticas con sustento en la falsedad y la mentira, con los insultos que no faltan, con los malos entendidos, y pues también con ésos que parece que se ocupan de destruir y jamás les escuchas una sola propuesta.

Es tranquilizador no estar, me digo, en la línea oficial. La tolerancia no debe significar desdeñoso acento, sino capacidad de rectificar, en serio y no sólo de palabra, en los momentos coyunturales. La última pregunta dio cauce a la obra que tiene el lector en sus manos:

—¿Tiene usted socios, señor presidente?

—Ningún socio ajeno a mi familia en las pequeñas empresas de carácter familiar que son por todos conocidas. Aliados los tengo empezando por mis hijos, mi madre, mis hermanas y hermanos, sin

274

cuyo aliento e inspiración las cosas serían mucho más difíciles. Naturalmente tengo aliados en el extraordinario equipo de colaboradores que participan en mi gobierno, en Acción Nacional que me llevó a la presidencia, así como en el Partido Verde. Y bueno, yo espero que en millones de mexicanas y mexicanos que confían en su presidente.

Una cálida tarde de diciembre de 2000, recién estrenada la presidencia, Vicente Fox quiso asomarse a la grandeza del espectáculo taurino. Y convocó para ello al espléndido rejoneador navarro, Pablo Hermoso de Mendoza, con toda su cuadra de jacas famosas y, sobre todo, con Cagancho, el cuatrialbo maravilloso.

–Que sea aquí, en el rancho, en San Cristóbal —pidió el mandatario. ¡No se me vayan a molestar los del Verde!

Y es que, al parecer, los aliados y los socios cuentan más allá de los gustos íntimos... y de la propia conciencia.

PÁGINA DEL LECTOR

En plena catarsis estimo indispensable construir una mejor y más cercana relación con cuantos me honran con su lectura. Este libro es reflejo de esta comunión que despeja la amarga sensación de sentirse solo, clamando en el desierto.

Varias de las denuncias de esta obra son hijas de las denuncias de ustedes, amables lectores. Continuemos esta experiencia. Pongo a su disposición mis direcciones electrónicas:

rloret@hotmail.com   raloret@latinmail.com

Y les sugiero un formato para abrir el diálogo:

a) ¿Cuál fue el pasaje que más le sacudió?
b) ¿Sobre quiénes sugeriría debemos estrechar nuestra vigilancia?
c) ¿Conoce usted alguna historia que merezca ser contada para desnudar a los grandes predadores?

No soslaye su capacidad de asombro y participe, aportando cuanto sabe, en la tendencia universal irreversible: la búsqueda de la justicia.

Con un saludo cordial,

Rafael Loret de Mola

ÍNDICE DE NOMBRES

Financiera Industrial y Agrícola, 167
Fleishman, Herman H., 83-86, 254
Flores Sánchez, Óscar, 152-57
Florida, 21, 51, 57, 76
Fondo Bancario de Protección al Ahorro (FOBAPROA), 178, 193, 196, 249, 250
Fondo de Cultura Económica, 169
Fondo Monetario Internacional (FMI), 173
Fonseca Flores, Ernesto, don Neto, 233
Forbes (revista), 188
Ford, Gerald, 21
Fox, Ana Cristina, 116
Fox Quesada, Vicente, 19, 20, 24, 27, 28, 32, 33, 35, 38, 39, 55-59, 66, 67, 69, 83, 85-
    88, 91, 95-97, 99, 108, 110, 112, 115, 116, 147, 181, 182, 188, 189, 193, 195, 196,
    198, 199, 202, 204, 205, 233, 242, 246, 249, 254, 260, 265, 266, 269-75
Francia, 179
Frente Democrático Nacional, 224, 229
Frente Estudiantil Revolucionario, 125, 126, 129
Fuentes, Carlos, 112
Fuentes León, Enrique, 43, 44, 52, 54
Fuerzas de Liberación Nacional, 35
Fujimori, Alberto, 205
Fundación de Apoyo a la Comunidad (FAC), 108
Fundación Jesús García Figueroa, 113
Fundación para la Promoción del Altruismo, 113
Fundación para la Promoción Humana, 113

Galindo Ochoa, Francisco, 88, 133
Gallardo, Félix, 233, 235, 243
Gamas Torruco, José, 76
Gamboa y Gamboa, Felipe, 215
Gamboa Patrón, Emilio, 25, 38, 76, 85, 143, 147, 150, 159, 203, 259
Gárate Bustamante, Antonio, 65
García, José Ramón, 230
García Abrego, Juan, 21, 22, 48, 49, 51, 95, 229-31, 233, 240
García Barragán, Marcelino, 127, 147
García Cárdenas, Beba, 232
García Cárdenas, José, 232
García Cordero, Fernando, 220, 221
García Lizama, José Augusto, 104
García Lizama, Martín, 104

Los cómplices,
escrito por Rafael Loret de Mola,
intenta lazar en sus páginas
a la salvaje piara
de nuestra clase política.
La edición de esta obra fue compuesta
en fuente newbaskerville y formada en 11:13.
Fue impresa en este mes de septiembre de 2001
en los talleres de Litoarte, S.A. de C.V.,
que se localizan en la calle de San Andrés Atoto 21-A,
colonia Industrial Atoto, Naucalpan, Estado de México
La encuadernación de los ejemplares se hizo
en talleres de Sevilla Editores, S.A. de C.V.
que se localizan en la calle de Vicente Guerrero 38
colonia San Antonio Zomeyucan, Naucalpan, Estado de México.